U0507374

高职体育教学中体育素养与职业能力的双提升

朱 亮 著

吉林人民出版社

图书在版编目（CIP）数据

高职体育教学中体育素养与职业能力的双提升 / 朱
亮著. -- 长春 ：吉林人民出版社，2024. 5. -- ISBN
978-7-206-20977-2

Ⅰ. G807.4

中国国家版本馆CIP数据核字第2024U7S968号

高职体育教学中体育素养与职业能力的双提升

GAOZHI TIYU JIAOXUE ZHONG TIYU SUYANG YU ZHIYE NENGLI DE SHUANG TISHENG

著　　者：朱　亮

责任编辑：李　爽　　　　　　　　封面设计：吕荣华

吉林人民出版社出版 发行（长春市人民大街 7548 号）　邮政编码：130022

印　　刷：河北万卷印刷有限公司

开　　本：710mm×1000mm　　　　　1/16

印　　张：12　　　　　　　　　　字　　数：200 千字

标准书号：ISBN 978-7-206-20977-2

版　　次：2024 年 5 月第 1 版　　　　印　　次：2024 年 5 月第 1 次印刷

定　　价：78.00 元

如发现印装质量问题，影响阅读，请与出版社联系调换。

前　言

　　高职体育教学在我国高等教育体系中占据着不可或缺的位置，其不仅是推动体育和教育事业向前发展的重要力量，更是在培养身心健康、全面发展的大学生中起到了关键性的作用。在"健康第一""终身体育"等现代教育理念的引导下，再加之对"体育强国"和"全民健身"体育梦想的追逐，高职体育教学被赋予重任，其不仅要服务广大学生群体，确保学生身心健康，还要促进学生社会化发展。面对当下的新思想、新形势和新的学生群体，高职体育教学必须做到与时俱进，持续不断地进行改革与创新，更科学、更系统地挖掘和发挥体育教育的多重价值。

　　高职院校的体育教学兼具基础性和实用性的双重属性，这样使得体育教学不仅能迅速提高学生的身体素质，而且能加深学生的体育素养，使其对体育锻炼和运动技能产生更强烈的兴趣和动力。

　　基于此，笔者特撰写《高职体育教学中体育素养与职业能力的双提升》一书，以期为高职体育教学研究贡献一份力量。

　　由于著者水平有限，书中难免存在不足之处，敬请各位同行和专家学者予以斧正。

目　录

第一章　概述

第一节　体育教学与高职体育教学

一、体育的概念

体育这个概念是在社会历史发展过程中演变来的。"体育"一词起源于 18 世纪 60 年代的法国，其含义是"身体的教育"。20 世纪初，我国将体育作为教育的重要组成部分。随着时间的推移，人们对身体健康的需求日益增强，体育运动和健身运动逐渐成为大众日常生活的一部分。

"体育"一词有广义和狭义两种解释。广义的体育又被称为体育运动，主要目的在于促进人的全面发展、丰富社会文化生活、加强精神文明建设，是一种以身体练习为基本手段的有意识、有组织的社会活动。广义的体育是社会文化中不可或缺的组成部分，它与社会的经济、政治紧密相连，相互影响、相互制约，为社会进步提供动力与支撑。狭义的体育又被称为体育教育，旨在通过各种各样的身体活动来强化体质，在此过程中传递锻炼身体的相关知识、技能和技术。除此之外，体育教育还承担着塑造人的道德品质的重要职责，为培养全面发展的人奠定基石。无论是从广义角度出发还是从狭义角度出发，体育始终以运动为核心，旨在发掘人的身体潜能、强化体质，并在此过程中，培育人的审美、情操和品格，从而真正实现人的全面发展。

二、体育教育与体育教学

（一）体育教育

1. 关于体育教育概念的主要观点

体育教育的概念经历了不同历史阶段的演变和重塑，这主要得益于各个时代和社会背景下对体育教育的不断探索和理解。每个时代都有其特定的社会需求和文化价值观，因此，对体育教育的性质、特征，以及功能等方面的认识也随之产生变化。早期的体育教育可能只是被人们视为一种锻炼身体的方式或技能训练，而随着社会的进步，人们开始意识到它在道德、心理、社交等多个层面的重要性。但同时，有一个现象值得关注，即体育教育、体育、身体教育这些术语之间的界限并不明确，人们在使用这些术语时往往容易混淆。学术界关于体育教育概念的界定五花八门，从常用体育教材来看，主要观点包括以下几种。

（1）体育教育作为一种身体教育，主要任务在于增强体质、增强身体的活动能力。

（2）体育教育属于育人活动的一种，着重于对体育知识、技巧与技能的传授与传播。

（3）体育教育致力于全面促进学生的健康发展，是一个以学生为核心、有组织、有目标、有计划的活动。体育教育能够帮助学生科学地掌握体育知识和技能的同时进行科学的身体锻炼，并提高学生的思想和道德品质。

（4）体育教育是以身体活动为主要内容的系统的教育过程，通过指导学生进行身体活动，将身体锻炼的知识与技能传授给学生，从而增强其体质，培养其道德，锻炼其意志。

（5）体育教育作为人类社会不断演进和发展中涌现的一种特殊教育形式，具有明确的目的性和意识性。体育教育并不仅仅关注身体运动，还根据人体成长的自然规律，为学生提供全面的身心发展指导。其核心目标是推动学生的身心健康发展，提高他们的活动能力，并促进他们的全面成长。同时，体育教育也致力于强化社会主义的精神文明价值观，并推动社会和谐发展。

2. 体育教育与体育、身体教育的关系

"体育教育"和"体育""身体教育"虽然在概念表达上有所不同，但内涵相同，主要表现在以下几方面。

第一，体育教育、体育和身体教育都是全面教育和学校教育的重要组成部分。

第二，体育教育、体育和身体教育都是系统的教育过程，具有目的性、计划性和组织性。

第三，体育教育、体育和身体教育的功能具有相似性，都着眼于增强体质、提高运动能力、培养道德品质和促进人的全面发展。

基于体育教育、体育和身体教育的共同内涵，可以认为体育、体育教育是体育教育的同义词。

3. 体育教育的概念界定

作为一种有目的、有意识、有组织的教育过程，体育教育是全面发展教育的组成部分，其以身体练习为基本手段，帮助受教育者深入理解和掌握与身体健康相关的知识、方法和技能。简言之，体育教育是指以身体活动为手段的教育。

（二）体育教学

学校体育在整个教育体系有着举足轻重的作用，因为它不仅关乎学生的身体健康和运动技能的培养，还关乎他们的思想、品德和个性的塑造。体育教学作为实现学校体育目标的主要手段，其重要性不言而喻。体育教学与其他学科教学在教育过程上有许多相似之处，如目的性、计划性和组织性，但它也有其独特的属性和特点。体育教学是一个动态的过程。不同于其他学科的教学，其不只是依赖于课堂和教材，还注重学生的实际操作和实践。体育教学更加强调个性化和差异化。每个学生的身体条件、兴趣和能力都是独特的。因此，教师需要根据每个学生的实际情况，进行有针对性的教学，确保每个学生都能在体育教学中获得最大的收益。体育教学更加注重培养学生的团队精神、合作意识和竞技精神。体育教学还涉及对学生思想品德的培养。体育活动中的公平竞争、尊重对手、遵守规则等原则，都是对学生进行思想和品德教育的重要内容。

基于上述分析，可以将体育教学定义为学生在体育教师的引导与辅助下，积极主动地学习和掌握体育基本知识、技能和方法，提高身心健康水平和身体活动能力，强化对自然环境和社会环境的适应能力，形成良好的思想品德和个性的过程。

三、高等职业教育与普通高等教育

高等职业教育与普通高等教育是同位的概念。高等职业教育在理论素养方面对学生的要求较低，着眼于提升学生的实际操作能力，为学生提供具体、实际的技能训练，使学生能够熟练地将所学应用于实际工作中，解决"做什么"的问题，是相对完整的实践体系和相对不完整的认知体系的统一。普通高等教育着重构建完整、系统的知识体系，重点在于解决"是什么""为什么"这两大问题，是相对完整的认知体系和相对不完整的实践体系的统一。相比之下，

高等职业教育和普通高等教育之间的显著区别之一体现在职业相关技能的获得上。现代教育心理学将知识分为陈述性知识和程序性知识。陈述性知识关注事实、概念和原则，而程序性知识则涉及如何执行某些任务或解决特定问题的技能和策略。技能作为程序性知识的核心，不只包括人们常说的外部的动作技能，如实际操作和手工技巧，还包括内部的智力技能，如解决问题、决策和批判性思考的能力。体育教学以身体活动为载体，为学生提供了获取和发展动作技能的主要途径。高等职业教育的主要目标是培养学生掌握这些实际操作的程序性知识，这为高职

体育教学的改革提供了方向，使其更加聚焦于培养学生在未来职场中所需的实际技能和应对各种挑战的能力。

四、高职体育教学

高职体育教学作为高职教育的重要组成部分，承担着提升学生综合素质的重任。高职体育教学与其他学科教学的相同之处在于，高职体育教学也呈现出教育的统一性特征，都是有目的、有计划、有组织的教育活动。这样的活动旨在传递知识，传授技能，促进学生的智力与体力发展，并帮助其形成独特的品格和个性。不同之处在于，高职体育教学是实现学校体育目的和任务的基本途径。高职体育教学发展至今，已不是简单的身体锻炼或传统意义上的体育教学，而是涵盖了竞技运动、社会体育以及以个体全面发展为目的的综合性体育教育活动。而学校体育目的和任务的实现需要依靠体育教学这一必要手段和途径。因此，高职体育教学是一个多维度、全方位的教学，既关注学生的身体健康，还关心学生的精神世界和社会适应能力，是高职教育中不可或缺的一部分。

高职体育教学系统是一个复杂且互动的系统，由教师、学生和体育教材等三大核心要素构成，这三者在体育教学中形成了不可或缺的三角关系。首先，教师和学生作为教学过程中的双主体，共同参与高职体育教学。教师是知识与技能的传递者，而学生则是知识与技能的接收者，两者之间的相互依赖和合作是整个教学过程的基础。缺少任何一方，整个体育教学都会受到影响。其次，体育教材为教学提供了必要的指导和框架。体育教材不仅是教学内容的载体，也为教师提供了教学方法和手段，确保了教学活动的专业性和规范性。所有的教学内容、方法和策略都是以教材为基础的。没有教材，教学就会失去方向，变得无章可循。再次，教师是知识的桥梁，负责将体育知识与技能有效地传达给学生。但更为重要的是，体育教师在教学过程中所展现的专业水平、责任心、教学策略和人际沟通能力都直接决定了教学的效果和质量。一个好的体育教师不仅能够确保学生掌握所需的体育技能和知识，还能激发学生对体育的兴趣和热情，培养学生的团队协作和竞技精神。

第二节　高职体育教学的特点与目标

一、高职体育教学的特点

高职体育教学作为高等职业教育的重要组成部分，承担着培养学生体育技能、提高身体素质、塑造健康心理品质的重要任务。它与普通高等学校体育教学有着本质的不同，其特点主要体现在以下几方面，如图1-1所示。

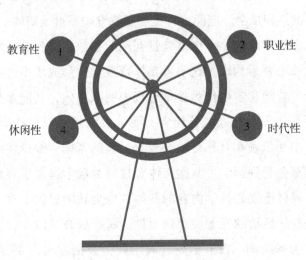

教育性　1
职业性　2
休闲性　4
时代性　3

图 1-1　高职体育教学的特点

（一）教育性

任何一门学科的教学过程都具有一定的教育性，高职体育教学也不例外，高职体育教学的教育性是其根基和根本属性。没有这一特性，所谓的"教学"将失去意义。高职体育教学的教育性主要体现在以下两个方面。

第一，高职体育教学本质上是一项育人的活动，具有明确的目的和任务。每一个体育项目都有其固有的规则和要求，学生需要通过身体锻炼的方式，克服在学习和体育锻炼中遇到的困难，以达到预定的目标。高职体育教学的效果并不只是取决于学生的努力和教师的教学，环境因素如教材、教学方法、教学设备、教学传统和习惯，都在不同程度上影响着教学过程。例如，一个充满活力和挑战性的体育环境可以激发学生的兴趣，而反之则可能导致学生的抵触和逃避。良好的体育环境和教学方法可以对学生产生深远的影响，使学生在无形中培养正确的价值观和人生观。

第二，高职体育教学是一个展现和塑造学生思想、情感与作风的窗口。在各种体育活动中，学生的情感和态度都能够自然流露，无论是学生对团队合作的积极性、对竞技的渴望还是对失败的处理态度，都为教育者提供了了解和引导学生的宝贵机会。这些真实的情境让教育者有机会深入了解每个学生的独特性格和需求，进而进行有针对性的思想品德教育。在高职体育教学中，进行思想品德教育的内容是非常丰富的，如在团队体育项目中，每个人都是一个不可或缺的部分，学生学会为集体努力、为团队的胜利付出，也学会在失败时给予团队成员支持和鼓励；体育教学教会学生在竞技中公平地对待对手，培养他们的竞争意识，在胜负面前保持平和的心态；通过体育锻炼，学生还能够培养自身坚韧不拔的毅力、勇敢应对挑战的勇气和在紧张情境中迅速作出决策的能力。

（二）职业性

高职体育教学的显著特点之一就是职业性，这一特点不只是局限于为学生提供体育方面的职业技能和知识，还体现在为学生塑造一个职业化的态度和思维模式上使其在未来的职业生涯中能够更好地适应和应对各种挑战。

首先，高职体育教学注重与行业实际相结合。高职体育教学强调的是将理论与实践相结合。例如，学生可能在课堂上学习到某种体育技巧的理论知识，然后在实地训练中将这些知识应用起来。这种模式不仅能够加强学生对体育知识的理解和记忆，还能够提高他们解决实际问题的能力。为了确保教学内容与行业的最新发展保持同步，教材和课程设计往往需要定期更新。这也意味着教师需要持续地更新自己的知识和技能，以便为学生提供最前沿的教学内容。在这种环境下，教师不仅是教育者，还是学习者，需要与学生一起探索和学习。

其次，高职体育教学注重职业道德和职业素养的培养。在体育领域，尤其是在职业体育中，个体的道德和素养往往比他的技能更能决定其未来的发展。如何公平竞争、如何对待胜利与失败、如何与团队成员和对手建立健康的关系等都是高职体育教学中不可或缺的部分。第一，高职体育教学教导学生要尊重规则，这能够保护和尊重每一个参与者的权益。在公平的竞技场上，每个人的努力和才华都能得到应有的展现和认可。第二，胜利不应导致骄傲和自满，失败也不应引起气馁和放弃。高职体育教学鼓励学生正确地看待成败得失，要注重过程中的经验积累和自我完善。这样的教育理念能够帮助学生建立起坚韧不拔的意志和乐观的人生态度。第三，无论是与队友的合作，还是与对手的竞争，都需要有良好的沟通和相互尊重。高职体育教学教导学生如何以团队为本，如何积极地与他人建立起信任和合作的关系，这对于他们未来的职业发展大有裨益。

（三）时代性

随着全球化进程的加快，各国之间的政治、经济和文化交流日益增加，再加之科学技术的日新月异，使得高职体育教学呈现出鲜明的时代特色。

第一，高职体育教学内容符合民族化、国际化的需要。我国的高职体育教学内容不仅包括武术、太极拳、摔跤、拔河、象棋、围棋、毽子，还融入了国际体育教学内容，如拓展定向运动、攀岩、网球、高尔夫球等。这种结合反映了我国高职体育教育的开放性和前瞻性，在丰富学生的体育知识和技能的同时，也提升了学生的国际视野和跨文化沟通能力。

第二，高职体育教学内容领域渗透当今先进的科学技术。科学技术的迅猛发展不仅推动了社会进步，还引发了体育领域的深刻变革，科学技术已成为提升体育外部环境和内部质量的重要驱动力。伴随着运动场馆的现代化和运动器材的高科技化，体育教学内容也呈现出前所未有的新气象。这不仅提高了学生的体验和参与度，还更好地满足了学生的学习和锻炼需求。显然，科技与体育的紧密结合，不仅成为一种趋势，更是未来体育发展和教学内容革新的方向。

（四）休闲性

在现代社会的快节奏生活中，休闲和娱乐已经成为人们日常生活中不可或缺的一部分。特别是对于在校学生来说，其面临着日益增长的学业压力和未来的就业挑战，需要一个途径来放松身心。在这样的背景下，高职体育教学开始重视体育的休闲和娱乐功能，开始调整体育教学内容，更加注重发挥体育的休闲、娱乐、放松的功能。传统上，高职体育教学主要强调技能的培养和竞技精神的锻炼。现如今，休闲性体育教学成为新的趋势，越来越多的休闲、娱乐性强的体育运动项目被纳入高职体育教学内容中，如小球类运动、户外健身拓展运动、极限运动、有氧体操运动、形体舞蹈、台球运动。这些休闲性的体育运动项目不仅为学生提供了一个放松的空间，还能帮助学生增强体魄，培养其团队合作精神和社交能力。高职体育教学的休闲性特点主要带来以下两方面好处：一是能够满足学生的多元化需求，使学生在紧张的学习生活之余找到一个放松的出口。二是注重体验和参与，学生可以在实践中掌握技能，培养兴趣和爱好。

二、高职体育教学的目标

构建高职体育教学目标体系，首先，要对教学目标中的显目标（学科目标）和潜目标（超学科目标）进行区分。其次，根据显目标和潜目标要达成的效果制定效果目标，即现时身体健康目标、终身体育目标、心理健康目标、认知策略目标和智慧技能目标。最后，以效果目标为基础，对各效果目标的学习领域目标进行确定。高职体育教学目标体系结构如图 1-2 所示。

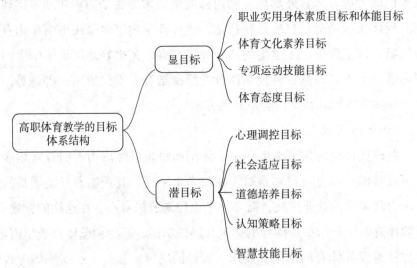

图 1-2　高职体育教学的目标体系结构

根据高职教育目标和高职体育教学的价值取向，可以将高职体育教学的总目标确定为以下内容。

1. 提高体能，促进积极参与身体锻炼生活方式的形成。

2. 加深对体育与健康知识的理解，获取体育与健康相关知识。

3. 形成运动爱好和专长，增强体育实践能力，培养终身体育的意识和习惯。

4. 发展职业相关身体素质和动作技能。

5.发展良好的心理品质,增强心理状态调控能力,增强社会适应性,培养良好的体育道德观念。

(一)高职体育教学的显目标

在高职体育教学中的显目标包括以下几部分内容。

1.职业实用身体素质目标和体能目标

职业实用身体素质训练是一项专门化的教育过程,目的在于通过体育锻炼来确保个人具备适应特定职业需求的运动技能。这种训练不仅帮助人们维持良好的工作状态,还确保其在具体的生产活动中能够高效、安全地完成任务。尤其对于高职毕业生来说,其经常被分配到生产的第一线,企业对其实际操作能力非常重视,因此,其需要具备与所从事行业相对应的身体素质和身体活动技能。体能也叫"体适能",是个体通过体育锻炼所获得的身体状态,涉及一个人的耐力、力量、灵活性、协调性等方面。明确体能的重要性不仅有助于学生认识到保持健康的必要性,而且还帮助学生了解如何通过适当的锻炼来提高和维持体能水平。高职体育教学的职业实用身体素质目标和体能目标包括以下几部分内容。

(1)了解体能的重要性及构成因素,熟知营养、环境、不良行为对体能的影响。

(2)熟练掌握发展一般体能的练习方法。

(3)发展与职业相关身体素质、职业相似动作技能,提升对职业环境的适应性。

2.体育文化素养目标

文化素养是指一个人在文化领域的造诣和修养。体育文化素养就是人们所习得的体育知识、技能,以及由此而形成的正确的价值观,其不仅涵盖人们对体育的深入理解,还包括人们在体育背景下的人际交往的态度和方式。简言之,体育文化素养是一个人在体育方面的知识储备与精神品质的综合表现。高职体育教学的体育文化素质目标包括以下内容。

(1)了解体育运动与体能、身体健康、心理健康和社会适应的关系。

（2）熟练掌握体育保健的知识与方法。

（3）熟练掌握科学参加体育锻炼的知识与方法。

（4）熟练掌握运动中的自我医务监督方法和科学膳食的方法。

（5）熟练掌握运动损伤的预防与康复方法。

（6）熟练掌握身体健康状况的自我评价方法。

（7）专项运动相关知识认知。

3.专项运动技能目标

从学校体育与社会体育的衔接来看，学校体育教学内容的选择应具有长效性特点。学校体育教学尤其是高职教育中的体育教学应该传授给学生受益终身的体育运动知识和与健康相关的内容。其不仅要传授体育基础知识、基本运动技术技能，还要在此基础上，挖掘并激发学生对个别运动项目的特殊爱好，使之在 1~2 个运动项目上占有一定优势。高职体育教学的专项运动技能目标包括以下内容。

（1）熟练掌握与运用 1~2 个能终身进行的运动项目技能。

（2）正确地认识运动项目的锻炼价值。

（3）可以安全地参加专项技能活动。

4.体育态度目标

体育态度关乎个体对体育活动的情感、评价和行为反应，是个体参与体育活动的核心驱动力。终身体育态度涉及个体对体育锻炼的持久热爱，而非一时的兴趣。终身体育态度确保了一个人无论其年龄或生活阶段如何变化，其都能始终将体育健身视为日常生活中的重要组成部分。高职体育教学的体育态度目标包括以下内容。

（1）正确认识体育运动与现代生活方式的关系（体育运动的价值）。

（2）体验积极的运动情绪。

（3）体验运动胜利的心理状态。

（二）高职体育教学的潜目标

高职体育教学的潜目标主要包括五部分内容，分别为心理调控目标、社会适应目标、道德培养目标、认知策略目标以及智慧技能目标。尽管这些不是体育课程的直接目标，但在学生的全面、健康的发展中扮演了不可或缺的角色。因此，体育课程与其他学科课程并行，共同推进这些超学科目标的实现。高职体育教学的超学科目标包括以下内容。

（1）深刻认识体育运动对心理健康的作用。

（2）掌握通过体育运动调控情绪的方法。

（3）通过对运动中的人际交往进行体验，树立良好的竞争、合作意识。

（4）形成良好的体育道德品质。

（5）理解体育运动对个体认知策略的影响。

第三节　高职体育教学的原则与功能

一、高职体育教学的原则

遵守高校体育教学原则是达到教学目的的保障手段，是高职体育教学中教学活动的安排、教学方法的选择及组织教学形式的基本依据。高职体育教学的原则如图 1–3 所示。

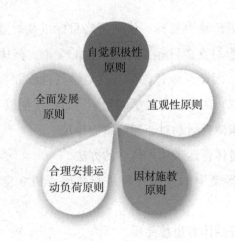

图 1-3　高职体育教学的原则

（一）自觉积极性原则

自觉积极性原则强调教师主导与学生的自觉参与之间的平衡。教师主导不仅是教学的核心和基石，也是激发学生自觉参与的动力。当教师采用有效的教学策略，展现出对教育的热情时，学生会更容易被吸引并投入学习。通过教师的引导，学生逐渐体验到自己在学习过程中的价值和作用，从而激发他们的自觉性和主动性。随着时间的推移，学生会从一开始的被动学习逐渐转变为主动参与，这种主动参与将成为其学习的一种习惯。

师生关系的矛盾是高职体育教学过程中的一对最基本的矛盾，这种矛盾的存在，源于教师与学生在知识、技能和经验上的差异，居主导地位的是教师。教师的地位并不是压迫性的或单方面的。相反，教师居主导地位是基于对学生最佳利益的关心和为学生提供最佳学习体验的目标。高职体育教师不仅要传授知识和技能，还要激发学生的学习兴趣和积极性。教师的主导作用体现在他们能够对教学的整体流程进行规划和管理，从课程设计到具体的教学方法，都反映了教师的权威和经验。但是，真正高效的教学并不是单纯地依赖于教师的主导，而是需要教师与学生之间的相互合作和交流。学生不仅是知识的接收者，他们也应当是教学过程中的参与者。通过这种互动，学生可以更加深入地理解和掌握体育知识和技能，而教师也能从学生的反馈中得到成长和进步。

需要注意的是，在高职体育教学中，学生的学习热情并不只是自发产生的，教师的指导、调节和控制都在其中发挥着至关重要的作用。教师的正确指导，可以进一步激发学生的学习兴趣和热情。与此同时，学生在充满热情的状态下，更容易进行自我管理和自我驱动，这使得学生与教师之间形成一个积极的互动循环，共同推进教学进程。为确保达到预期的教学效果，教师的权威性和引导作用与激发学生的内在动力之间需要达到平衡。只有当这两者结合时，高职体育教学才能真正实现其潜在的教育价值，从而提升整体的教学质量。

（二）直观性原则

直观性原则指的是当人们最初认识某个物品或者事物时，往往会凭借已有经验或者方法进行判断或感知。从直观认识到抽象思维，再到付诸实践，是正确认识客观世界的方法。体育运动往往与肢体动作、技能操作和运动策略等要素紧密相关，人们在初次接触这些要素时通常是通过直观的方式去理解和领悟。例如，当一个学生首次尝试乒乓球时，他可能会先通过看其他人如何操作，或直接感受球与球拍的碰撞来建立对该运动的直观认识。这种基于感官的认识为他之后的技能学习奠定了基础。

注重直观性原则强调在教学过程中，教师不仅要传授抽象的技能和知识，还要让学生通过实际体验去理解和掌握这些技能与知识。这种在实践中学习的方式不仅加深了学生对知识和技能的认识，更能帮助学生锻炼其思维能力，培养学生的观察力和对细节的敏感度。此外，学生在体育活动中积累的直观经验将成为他们日后学习的宝贵资产。当学生面对更复杂的技巧或策略时，他们可以回溯之前的经验，回溯其从直观到抽象，再到实践的思考路径，形成更高级的认知结构。

（三）因材施教原则

因学生之间存在个体差异性，所以任何教学活动都不能一概而论，而是要因材施教。每一位学生都是独一无二的，他们来自不同的家庭，有着各自的生活经历和习惯。这些因素共同塑造了学生的身体素质、运动技能、兴趣爱好等。例如，有的学生可能在某项运动上有先天的优势，而有的学生则需要多花时间和精力去培养和提高该项运动技能。又或者，有些学生对团队运动有浓厚的兴趣，而有些学生更喜欢独立的、有挑战性的项目。面对这些差异，高职体育教师先要有一套统一的标准和要求，确保每位学生都能得到基本的体育教育和锻炼。但这并不意味着教师的教学方法和策略应该一成不变。相反，教师应当在统一的框架下，灵活地调整教学策略，以满足不同学生的需求。这可能包括为某些学生提供额外的指导和支持，为有特殊才能的学生提供挑战，或者为对某项运动特别感兴趣的学生提供更多的实践机会。具体而言，实施因材施教原则可以从以下几方面着手。

第一，因材施教的基础是学生的个体差异性，高职体育教师应对这些差异有一定的了解。教师可以运用观察法，密切关注每位学生的锻炼和比赛情况，从中洞察学生的身体状况、技能水平和潜力。此外，调查访谈也是一种有效手段，通过与学生的沟通，教师可以了解学生的兴趣、需求和期望。第二，高职体育教师应具备因材施教的能力。每个学生都有自己的特点和需求，教师需要灵活地应对各种教学情境，为学生量身打造合适的教学内容和方法。这就要求教师持续地自我进修，不断拓展自身知识面，掌握更加丰富的教学方法，不断提升自身的教学水平。

（四）合理安排运动负荷原则

人体的成长和发展需要遵循一定的规律，如肌肉的自然增长发育也有一定的规律可循：核心肌群先于四肢肌群，上肢肌群先于下肢肌群，屈肌先于伸肌。基于此，体育活动的组织和设计首先是核心肌群的锻炼，其次是上肢肌群的锻炼，最后是下肢肌群的锻炼。例如，初级阶段的运动可以更多地涉及腹部和背部核心肌群的训练，之后再过渡到手臂和上身的练习，最后是腿部的锻炼。但是，只是了解并遵循这些生理规律是不够的。青少年的身心发展呈现出巨大的个体差异，这也影响了他们在体育活动中的表现。同龄的学生可能存在明显的身体差异，有的学生身高过人、体格健壮，而有的学生发育稍慢。这意味着学生对于体能训练和锻炼的适应能力是不同的。因此，教师在设计课程和锻炼方案时，必须考虑这些差异，确保每个学生都能在不受伤的前提下，得到适当的锻炼。

第一，运动负荷的安排要服从体育教学目标。教学目标不应局限于运动成绩的提高或在比赛中获得胜利，更重要的是培养学生的身心素质。因此，当教师确定学生的运动负荷时，必须确保符合这一更广泛的目标。适当的运动量可以增强学生的体质，而团队合作和竞技的经验则有助于学生心理素质的增强。第二，运动负荷的安排要服从学生的身体需求。每个学生的身体需求都是不同的，他们的生理和心理状况也各不相同。这就要求教师在进行体育教学活动的时候，必须细心地观察和了解学生的身体状况，确保运动负荷既能达到锻炼的效果，又不会对学生的身体造成损害。第三，运动负荷的安排要充分考虑学生之间的共性与个性关系。每个学生都有其独特性，而这些独特性是建立在共性的基础上的。学生的共性主要体现在年龄、性别和身高等方面，这些特点通常决定了学生在体育活动中的基本能力和需求。但是，即使在这种相似性中，每个学生也都有自己的个性。这些个性可能是由健康状况、伤病、心理状态或其他因素引起的。因此，当教师在安排运动负荷时，他们需要深入了解学生的个体情况，以确保每个学生都能得到最适合自己的训练。例如，对于那些有特殊健康问题或伤病的学生，教师需要降低运动强度，或者为学生提供特别的关怀和指导，确保他们在运动中不会受到伤害。第四，体育教学中应重视合理休息。适当的休息对于学生的身体恢复和心理调整至关重要。在高强度的体育锻炼后，学生要有充足的时间来恢复体力，缓解身心的疲劳。只有在得到充分休息后，学生才能为下一轮的体育活动做好准备，从而达到最佳的锻炼效果。

（五）全面发展原则

高职体育教学也追求每个学生的全面发展，不仅仅是身体上的，还包括心理、意志和思维等各个层面。现代社会的高速发展使得学生在未来的工作和生活中，不仅要面对身体上的挑战，更要面对心理上的挑战。社会的飞速进步，以及各行各业对人才的渴求，更要求学生具备全面的、综合的素质，能够适应社会并勇立潮头。体育教学的实施，不只是为了提高学生的身体健康和运动能力，还要通过体育锻炼，培养学生的团队合作意识、挑战自我的决心、面对困难的勇气，以及积极的生活态度。这些都与社会主义的发展紧密相关。

第一，每一节体育课都应当紧扣教学大纲或课程标准，确保课程内容和目标的连贯性。这意味着，无论是体育理论还是实践，其主要目的在于帮助学生达到大纲中所列出的标准，实现其身心健康与技能的协同提升。第二，随着时代的发展，体育教学的价值观也应随之进步。过去，体育更多地被看作是一种简单的身体锻炼方式。如今，现代体育教学在超越这一范畴的同时，还具有了一定的心理学价值、社会学价值和美学价值，它不仅能帮助学生在体育活动中锻炼身体，还能促进学生的心理健康，帮助学生形成积极的人生态度和价值观。第三，体育教学中的每一个环节，无论是课前、课中还是课后，都要时刻把学生的全面发展放在首位，不仅要注重对学生技能的培养，还要加强对学生身心健康、情感、团队合作能力等各方面的全面关注和培养。

二、高职体育教学的功能

高职体育教学是以身体练习为基本手段，旨在增强学生的身心健康，融知识、技能、素质、能力、品质与情感于一体的必修课程，其不只是一个简单的锻炼过程，而是注重对学生整体素质的全面提升和锤炼，是高职教育中不可缺少的一环。高职体育教学的功能主要体现在以下几方面，如图 1-4 所示。

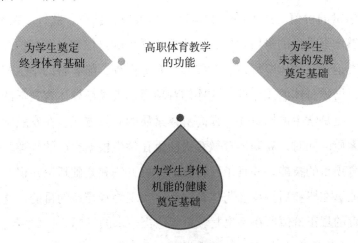

高职体育教学的功能

为学生奠定终身体育基础

为学生未来的发展奠定基础

为学生身体机能的健康奠定基础

图 1-4　高职体育教学的功能

（一）为学生奠定终身体育基础

高职体育在教育领域中的地位逐渐上升，其背后所隐藏的终身受益性与延伸性为之赋予了这一特殊价值。对于学生来说，体育并不只是一个简单的活动或娱乐方式，还是生活中的一部分，是将来面对挑战时的支柱。学生在高职体育中所获得的知识和技能，不仅能够促进学生的身体健康，更能够培养学生的意志、毅力和团队协作精神。这些素质在学生未来的工作和生活中都将发挥巨大的作用。因此，高职体育教育的重要性不容小觑，其不仅满足了学生当前的需求，更为学生的未来生活提供了宝贵的资源，帮助学生在复杂多变的社会中立足。

为了确保学生能够在毕业后继续参与体育锻炼，从而保持终身健康，高职体育教学的内容选择尤为关键。这些内容不仅要在校园内实现，更要适应学生毕业后的生活场景，使不同年龄阶段的学生都能参与进来。例如，各种球类运动，如篮球、足球、羽毛球、网球和排球等。球类运动能够培养学生的团队合作能力，增强他们的体魄，提高他们对运动的热爱；

田径类项目，如长跑、短跑、接力跑、跳远、跳高、跨栏等。田径类项目可以有效提高学生的体力、速度、耐力和爆发力，对于学生的身体发展有着不可估量的价值。武术防身类运动，如太极、长拳、散打、跆拳道等，不仅能够增强学生的身体素质，更能提高学生的自信和自我保护能力；塑造形体类运动，如体育舞蹈、健美操、有氧操等，能够帮助学生塑造良好的身材，增强身体的柔韧性。这些体育项目不仅是学校体育教学的重要组成部分，更是学生锻炼身体、提高身体素质的有效方式。在发展学生的基本身体素质的同时，高职体育教育更注重让学生根据自己的兴趣掌握某些终身体育项目的技能，并且了解相应的锻炼方法和基础理论知识，从而确保他们能够在毕业后持续参与体育锻炼，实现终身受益的目的。这是高职体育教育的真正价值所在，也是教育者应当追求的目标。

（二）为学生未来的发展奠定基础

高职学生正站在人生的十字路口，面临即将踏入社会的重要时刻。在这复杂多变的世界中，高职学生注定会面对各种未知的机遇、挑战与困境。面对生活的诸多困扰，应选择积极的态度和恰当的应对策略。而体育教学恰恰可以为高职学生提供这样的指引和支持。体育教学可以培养学生坚韧的意志、积极的人生态度和一定的应对压力的能力，促进学生的的发展。

1. 塑造学生的健康体魄

健康是支撑人们追求梦想和实现价值的基石。想象一下，如果身体不健康，即便拥有再丰厚的资源和机会，也难以充分利用。因此，健康的身体是决定人们未来发展和成功的关键。高职学生正处于养成健康习惯、强化体魄的重要时期，这一时期的锻炼和健康管理将为未来数十年的生活奠定坚实的基础。就如建造一座大厦，无论其设计有多么宏伟，如果地基不稳固，那么这座建筑注定不会长久。

高职教育不仅要关注学生的学业和职业发展，还要注重其身心健康。只有当学生身心俱佳，才能更好地学习和成长，为未来做好充分的准备。

2. 体育锻炼增强社会适应能力

体育运动可以使学生学到关于锻炼的知识和技能，还能提升学生适应社会的能力。这种社会适应能力来自两方面，即富于感性的直观认识和理性的抽象思维。

（1）培养竞争意识。在体育中，竞争精神尤为重要。无论是在比赛还是锻炼当中，要想取得成功，就必须不断创新、努力和坚持。现代体育强调的核心便是竞争。没有竞争，体育将失去它的活力和意义。而这种竞争精神，也被看作是一种重要的社会教育资源，帮助学生更好地适应社会、面对挑战并取得成功。

体育竞赛自身固然体现了公平与竞争，但其更为深层次的含义是竞争与合作的完美统一。在这个机制下，竞技者既是彼此的对手，更是合作的伙伴。他们在争夺荣誉的同时，通过相互切磋、互相激励，都达到了更高的境界。这种机制正如同一座桥梁，连接着校园与社会，帮助高职学生更好地适应未来社会的竞争环境，培育他们竞争意识。

（2）树立体育规则意识。体育作为社会文化的重要组成部分，自然也拥有一套明确的行为规范，即体育规则。无论是高职体育教学中的课程规定，还是竞技场上的赛制，背后都有严格的规则在指引。这些规则不仅确保了体育活动的公平性和有序性，还反映了人类社会对于秩序和规律的尊重与追求。在如此复杂的社会结构中，规则成为沟通与交流的桥梁，其能确保每个人的权益得到尊重，维护了整个社会的和谐与稳定。因此，体育规则不是一套简单的指导原则，其反映了现代文明社会的核心价值，是人们在互动中互相尊重、公平竞争的体现，是构建和谐社会的基石。

（3）弘扬团队精神。团队精神是一个集体内部成员之间共同持有的价值观和信仰，是他们一致努力、同心同德的体现。在广阔的世界中，个人的力量总是有限的。而当个体汇聚成团队，集体力量会将个人力量放大，使得每个人都能够发挥其潜在的价值并创造卓越的成果。在一个优秀的团队当中，成员持有共同的价值观和道德信仰，可以为团队提供一个明确的方向和目标。若一个团队缺乏共同价值观，那么无论成员多么优秀，都很难形成真正的团队合作，也难以形成强大的战斗力。

在高职教育中，体育活动往往是团体性质的，要求学生齐心协力、共同合作。参与这类集体活动，学生不仅仅是在锻炼身体，更重要的是，他们在培育和塑造自己的团队精神。在这样的环境中，每个人都学会为了整体的目标去努力，形成共同的团队荣誉感。当学生从校园走入社会，进入职场，学生会发现，团队合作与团队精神在工作中同样重要。高职的体育活动为学生搭建了一个实践团队精神的平台，使学生提前适应并获得未来职场中不可或缺的团队协作能力。

（三）为学生身体机能的健康奠定基础

生命在于运动，身体健康离不开锻炼。为了保持旺盛的生命力和良好的身体状态，体育锻炼显得至关重要。对于处在青春时期的高职学生而言，仅仅依靠脑力远远不够，他们还需要通过体育活动来调和身心，促进全身各个系统的和谐发展。只有在知识与活力、脑力与体力的共同作用下，学生才能真正达到身体心的健康与平衡发展。

1. 体育锻炼可以提高心肺功能

心肺功能对于维持人体的生命活动至关重要，而体育锻炼是增强心肺功能的有效手段。首先，当学生参与体育活动时，身体各部位都需要更多的氧气和营养来支持其运动。为了满足这种需求，学生的"生命引擎"——心脏必须加大工作强度。这不仅要求心脏提高其供应能力，还要求为心脏供氧和营养的心肌细胞处于健康状态。持续的锻炼可以使心肌更加健壮，能让其进行有力的搏动，而这正是为身体提供更多氧气和营养的关键。常规的体育锻炼可以有效延缓心脏的衰老过程，让其长期保持年轻的状态。其次，体育锻炼对于增强肺部功能也有着不可忽视的益处。当学生进行身体锻炼时，由于肌肉的活动加剧，对氧气的需求随之增加，这导致学生的呼吸频率和深度都有所增加，使得肺部通气量显著提高。长期的锻炼不仅有助于增强呼吸肌的力量，还能提高胸廓的活动性，使肺泡更具弹性。这一切都意味着，通过体育锻炼，学生的肺部会变得更加健康，从而为身体提供更为稳定和充足的氧气供应。

2. 体育锻炼可以提高肌肉力量

肌肉的健壮与发展并非单纯依赖饮食与休息就可以达到的，体育锻炼是提升肌肉力量的主要途径。当学生进行有针对性的力量训练时，肌肉中的纤维会进行频繁的收缩与放松，这样的活动极大地推动了肌肉的血液循环和代谢活动。事实上，每块肌肉内部都分布着大量的毛细血管。当人们处于安静状态时，这些毛细血管中的大部分并不能被充分利用。只有当人们进行体育锻炼或其他高强度的活动时，这些毛细血管才会充分开放。这意味着，锻炼时的肌肉会接收到大量的血液供应，血液中富含的氧气和营养物质也会随之进入肌肉，进而极大地促进肌肉的代谢。随着时间的推移，经常性的体育锻炼会使肌肉纤维内部的蛋白质含量增加，使肌纤维变得更为强健和粗壮。与此同时，肌肉内的能量储备也会得到增强。体育锻炼还会增强肌肉的结缔组织的弹性，从而提高肌腱的弹力和韧性。

3. 体育锻炼可以提高机体柔韧性

体育锻炼不仅能增强人们的身体素质，还能提高人们的身体柔韧性。这主要体现在两个层面。第一，体育锻炼有助于增强人体骨关节及其周围组织的功能。而骨关节的柔韧性主要依赖于其周围的组织。尽管基于遗传的原因，骨关节结构的改变有一定的局限性，但是通过强化其周边组织的锻炼，可以有效提升骨关节的柔韧性和灵活性。关节的稳定性与健康运作，在很大程度上依赖于韧带和肌腱的支持和加固，肌肉则从关节外部补充加固关节的力量，确保其在一定的范围内稳定运作。这些组织结构共同协作，确保关节在解剖结构允许的范围内运动，防止因超范围活动而引发损伤。

第二章　高职学生体育素养概述

第一节 相关概念简析

一、体育素养相关概念界定

学生体育素养的培养离不开对体育素养内涵的认知，下面，笔者将"素养"与"体育素养"进行辨析，为后文研究的开展奠定基础。

（一）素养

近些年，受联合国教科文组织、欧盟、经合组织等的影响，各国为应对 21 世纪新的挑战，纷纷开展以素养为导向的教育改革，并将其作为教育改革的核心。2014 年 3 月，我国也提出将核心素养体系作为课程改革的核心，那么究竟什么是素养呢？

在英文语境下，素养有多种表达方式，其中"Competence"与"Literacy"是较为常见的两种表达。对于核心素养的研究主要使用"Competence"进行表示，即"Key competence"。"Competence"通常指的是个体为应对未来挑战所需的能力。该能力不只涉及个体对技能或知识的掌握，还包括个体对知识的运用、技能的发挥以及与之相应的态度和价值观。"Literacy"指的是个体在某一学科领域如何应用知识、如何分析和交流，以及如何在实际情境中运用所学知识来解决问题，以更好地适应未来的生活。

在中文语境下，素养并不是一个陌生的词汇，这一词汇在《汉书·李寻传》中已然存在，但此时的素养与"能力"这一词语的意思相近。① 随着时代变迁和社会需求的演进，再加之教育改革的不断深化，如今素养的含义已经远远超越了单纯的"能力"之义。

无论是英文语境下的"Competence"和"Literacy"，还是中文语境下的素养，其内涵都涉及人类全面发展的知识、技能、态度等领域，并且中英文语境中的素养都不是个体对知识、技能等的简单学习与锻炼，而是在不同情景中应对不同挑战、解决实际问题的能力，同时，都突出了态度的重要作用。

（二）体育素养

体育素养作为素养教育与体育学科相结合的产物，在我国已经引起了广泛的关注。从 20 世纪 90 年代开始，我国学者便在素质教育理论的指引下探讨体育素养的内涵与结构。赖天德将体育素养定义为一种体育文化水平，认为体育素养不仅仅是对体育的技能和能力的掌握，更涉及体育意识、体育知识、身体活动能力、基本运动能力等多个层面。② 以此研究为蓝本和参照，后续研究学者开始从各自的视角深化对体育素养的探讨。

任鹏、王晓刚认为，"体育素养是体现青少年体育基础知识、技能、习惯、能力和品质的一种表现形式。提升青少年的体育素养，不仅能够让青少年对体育有一个全面认识，还能使其主动参与到体育活动中，形成良好的体育习惯和意识，有利于青少年的全面发展。"③

建峰、殷怀刚提出，"体育素养旨在培育学生终身锻炼习惯，对全面

① 班固 . 汉书 [M]. 北京：团结出版社，1996：741-756.
② 赖天德 . 试论素质教育与学校体育改革（上）[J]. 中国学校体育，1998（1）：64-66.
③ 任鹏，王晓刚 . 青少年体育素养面临的现实困境与提升路径 [J]. 武术研究，2023，8（6）：120-122.

推动学校体育事业发展有着巨大的推动力。"①

龚洁薇认为,"体育素养是指一个人的体育文化水平及平时养成的在体育方面的修养。体育素养包括体育意识、体育知识和体育技能3个方面。"②

赫秋菊指出,"体育素养由体育意识、体育行为、运动能力3个方面构成,它是人们维持健康生活的必要能力。"③

体育素养作为一个独特的概念,由"体育"和"素养"两个部分构成。关于"体育"的定义尚存在诸多争议,没有一个统一的观点。周西宽指出,这些分歧源于学者对体育的属性和本质有着不同的认知和解读。④笔者主要从教育性的角度来看待体育,将其理解为一种通过身体活动来达到的教育,即"体育教育"。"素养"的内涵在上文已作出论述。基于已有文献研究以及本人对"体育"与"素养"的见解,笔者认为,体育素养是指在体育教学中,学生在学习体育知识和参与体育活动的过程中习得的体育品德和体育技能。作为学生在体育学习中的综合能力的体现,良好的体育素养能够帮助学生养成正确的运动习惯,提高学生的身体素质。

二、职业能力相关概念界定

(一)能力

能力是研究职业能力的基础。故此,需要先对能力概念的相关研究进行梳理和解构,以便更深层次地掌握职业能力的概念。简而言之,能

① 陈建峰,殷怀刚.大学生体育素养影响主因子及培养路径 [J].体育科技文献通报,2022,30(2):157-160.
② 龚洁薇.艺术类高职院校学生体育素养培育路径探析 [J].当代体育科技,2021,11(21):146-148.
③ 赫秋菊.大学生体育素养评价标准的研究 [J].沈阳工程学院学报(社会科学版),2020,16(2):122-127.
④ 周西宽.体育基本理论教程 [M].北京:人民体育出版社,2004:30.

力指的是完成一个目标或者任务的所体现出来的综合素质。"能力"这一概念的研究历程可以大致划分为两个主要阶段，分别是 20 世纪 70 年代以前、20 世纪 70 年代至今。在 20 世纪 70 年代之前，学者主要从心理学角度理解能力，这一时期关于能力的研究多与智力有关，并在此基础上探索能力的含义。随着人力资源管理学和行为组织学等新兴学科的兴起，能力的研究范围和深度都得到了前所未有的拓展。这一时期，能力研究的焦点不再局限于心理学这一单一维度，而是从多个层面、多个维度、多种视角进行探索。研究者开始关注能力如何影响工作绩效、如何与团队协作和组织文化互动，以及如何通过培训和发展来提高能力等问题。尽管在这两个阶段中，研究者以不同的视角和方法论对能力进行了诠释和定义，但这些定义都深受其时代背景和研究方法的影响。

（二）职业能力

职业能力也称"任务胜任力"，表示的是人们从事其职业的多种能力的综合。职业能力的概念在学术界中有多种解释和定义。不同的专家和学者从不同的研究视角和目的出发，对职业能力进行了多维度的界定。职业能力有广义和狭义之分，从广义角度看，职业能力是指在某一类职业或一系列岗位中所需的共同基础能力；从狭义角度看，其指向在特定岗位上完成任务所需的具体能力。[①]部分学者进一步深化了对职业能力的认识，从性质、结构、条件和过程四个方面进行了细致的对比分析，即职业能力主要包含"职业特定技能"（国家职业分类大典规定的技能范围）、"行业通用技能"（属性或者特征相近的职业、岗位群所表现出来的共性的技能）和"核心技能"（在日常生活或职业工作中基本的、体现在具体职业工作的最基础的技能）三个结构层次。[②]部分学者认为："职

---

① 严雪怡.教育分类、能力本位与广义的职业能力培养：纪念孟广平同志逝世两周年 [J].职业技术教育，2007，28（7）：11-13.
② 韩紫薇.基于职业能力培养的高职公共英语教学改革研究 [D].海口：海南师范大学，2023.

业能力形成的过程就是一种在知识与工作任务各要素之间形成'联系'的过程"。① 还有部分学者认为："职业能力指的是完成某一职业所需的专业能力＋非专业能力，是个体当前就业以及终身发展所需的能力。"②

在对职业能力的探索和研究中，各个学派从不同的视角出发，提出了自己对职业能力的理解。心理学派强调职业能力作为一种内在的个体心理特征，其直接决定了个体在职业活动中的效率和流畅度，只有具备了正确的心理状态和品质，个体才能够在职业中充分展现其能力并达到理想的效果。能力学派认为职业能力由具体的知识、技能、情感态度和经验组成，而不仅仅是纯粹的知识或技能。过程学派注重职业能力的形成和演进，认为职业能力并非一蹴而就，而是在实际的或模拟的职业场景中，通过类比迁移已有的知识和能力，将一般能力专业化、特殊化，从而达到一个更高的、综合的发展水平。结构学派认为职业能力是一个复合体，其中包括完成职业活动所需的身心素质、专业素养、创新与创业精神及技能操作等各个维度。综合这四个学派的观点可知，职业能力是一个多维、复合、动态发展的概念，涵盖了从内在心理特质到外部知识技能的全范围，其形成和发展是一个持续、综合的过程。

基于已有文献研究，笔者对"职业能力"一词采用如下释义：职业能力是指学生在未来的从业过程中必须具备的基本能力。这种能力是在高职院校的理论和实践教学中习得的，职业能力对于高职学生而言，是衡量他们就业竞争力的关键，良好的职业能力能够确保学生胜任岗位要求，帮助学生应对工作中的所有挑战。

---

① 徐国庆.解读职业能力 [J].职教论坛，2005（36）：1.
② 杨黎明.关于学生职业能力的发展 [J].职教论坛，2011（3）：4-15.

第二节　培养高职学生体育素养和职业能力的迫切性和重要性

一、培养高职学生体育素养和职业能力的迫切性

随着经济社会对高素质人才需求的日益增长，培养高职学生的体育素养和职业能力显得尤为迫切。这不仅是对个人综合素质提升的要求，也是高职教育适应经济社会发展需求的必然途径。培养高职学生体育素养和职业能力的迫切性主要体现在以下两方面，如图 2-1 所示。

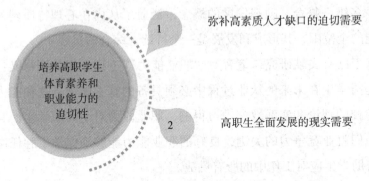

图 2-1　培养高职学生体育素养和职业能力的迫切性

（一）弥补高素质人才缺口的迫切需要

高素质人才不只是在学历和能力方面达到一定要求，还涉及个体在专业知识、技术、思维方式、人际交往、团队协作和领导才能等多方面的卓越表现。这些人员不仅在自己的领域内有深入的研究，而且还能够

跨领域工作，拥有创新精神和批判性思考能力，解决复杂的问题，并坚守高尚的职业道德和人文情怀。对于企业而言，拥有高素质的人才意味着拥有一个强大的核心竞争力。这类人才掌握的跨领域知识和技能使企业在遇到挑战时更具灵活性和适应性，为企业带来技术和业务的创新，帮助企业捕捉市场机会并应对不断变化的市场环境。这类人才还懂得如何有效地与人合作，推动团队共同向目标迈进，为企业创造更大的价值。现代企业越来越认识到，一个真正的高素质员工不仅仅是他的学历和专业技能，更重要的是他的人格魅力、为人处世的智慧和与时俱进的头脑。

　　培养高职学生的体育素养与职业能力，在当前的经济与社会发展背景下，显得格外迫切。特别是在经济从高速增长转向高质量发展的关键时刻，社会对于高素质人才的需求比以往任何时候都来得更为迫切。这样的转变不仅仅是数量的累积，更多的是质的提升和变革。一方面，体育素养不仅仅是身体素质的提高，它更多地涉及一个人的意志、团队合作、领导能力和竞争意识。这些都是现代社会，尤其是现代企业所需要的要素。另一方面，随着技术的发展和产业的更新，很多传统的技能和职业已经或者正在被淘汰，而新的技能和职业又需要大量的高素质人才来填补。新的市场不仅要求人们具备技术或者专业知识，而且要求人们具备创新能力、解决问题的能力、跨领域的协作能力等。

　　随着经济的发展和社会的进步，社会对于人才的需求已经从数量转向了质量。而这样的转变，需要教育部门，尤其是高职教育部门来提供支持。他们需要培养出既具有专业技能，又具有良好体育素养和职业素质的学生，来满足社会的需求。从宏观角度来看，人才是最重要的生产要素，他们的质量与数量，直接关系到一个国家的竞争力。而从微观角度来看，企业需要这样的人才来支持他们的创新和发展，使其在激烈的市场竞争中立于不败之地。

（二）高职学生全面发展的现实需要

　　人的全面发展首先是指人的劳动能力的全面发展，即智力和体力的均衡、统一地提高。这意味着一个人不仅要有健康的身体，还要有独特的智慧和广泛的知识。智力的发展是人类区别于其他生物的基础，也是人类文明和社会进步的动力，其涵盖认知、思维、判断、分析、解决问题的能力，以及创造性、创新性思维的形成。与此同时，体力的发展不仅仅意味着身体的健康和力量，更包括身体与大脑之间的协同作用，使得人们能够更好地进行各种活动和工作。但人的全面发展远不止于此，还包括个体的各种才能和兴趣的挖掘和培养，从而使个体能够在社会中找到最适合自己的位置，发挥自己的最大潜能。更进一步，人的道德品质、情感、价值观和世界观也是人的全面发展的重要组成部分。这意味着，个体不仅要具备做好事的能力，还要有做好事的意愿和动力，能够分辨是非，秉持正义，关心他人。对于高职学生而言，全面发展的重要性不言而喻。高职教育旨在培养学生的职业技能和知识，但这并不意味着学生其他方面的发展可以被忽视。事实上，随着经济和社会的发展，社会对于高职学生的要求也在不断提高。除了专业知识和技能，高职学生还需要具备跨学科、跨领域的知识和技能，以及强烈的社会责任感和高尚的道德情操。

体育教学是教育教学的一部分，对于学生身体素质的提升、坚强意志品质的形成以及思想品德的提升具有促进作用。高职院校主要是以职业能力培养为中心实施教学，体育教学对专业课程教学的开展起着支撑作用，可以更具针对性地推动学生的全面发展。因此，高职院校对学生体育素养和职业能力的培养，有助于促进高职学生的全面发展。

二、培养高职学生体育素养和职业能力的重要性

在高职体育教学中，培养学生的体育素养和职业能力的重要性如下图 2-2 所示。

1　有助于提升高职体育教学内容的科学性

2　有助于培养学生的毅力

3　有助于推动学生心理问题的解决

4　有助于学生实现自身价值

图 2-2　培养高职学生体育素养和职业能力的重要性

（一）有助于提升高职体育教学内容的科学性

在现代的教育体系中，特别是在高职教育中，学生体育素养和职业能力的培养已成为不可忽视的重要环节。学生体育素养和职业能力的培养有助于提升高职体育教学内容的科学性。

一方面，培养高职学生的体育素养和职业能力，是高职教育领域中一种现代的、前沿的教学思路，其所追求的不仅是让学生在体育锻炼中获得健康的身体，还希望学生能通过体育锻炼获得一种与职业生涯相匹配的思维方式和能力，这使得体育教学内容从单一的技能训练逐步扩展到了更为广泛的领域，这种扩展，使得高职体育教学能更好地服务于学生的职业发展。

另一方面，将体育与职业能力的培养融为一体，不仅是高职教育的一种创新，而且是一种更贴近现实需求的教学模式。在现代社会，人们已不再满足于只掌握一种技能或知识。相反，跨领域的知识和能力正逐渐成为求职和工作中的关键因素。体育作为一种富有活力、需要团队合作、策略和技巧的活动，为职业能力的培养提供了独特的平台。在传统的体育教学中，学生可能只是被要求掌握某种体育技能或知识，而现在，注重职业能力的培养，使得体育教学的深度和广度都得到了极大的拓展。例如，一个简单的篮球比赛不再仅仅是投篮和防守，它可以转化为一种模拟的团队合作和策略制定的过程。学生在比赛过程中需要学会如何与队友沟通、如何快速作出决策、如何在压力下保持冷静，而这些都是未来职场中必不可少的技能。总而言之，体育素养与职业能力的融合培养，不仅可以更好地帮助学生理解和掌握体育技能，还可以为他们的全面发展提供坚实的基础，确保他们在未来的职业生涯中具有竞争力。

（二）有助于培养学生的毅力

体育教学的目的并不仅仅在于提高学生的体育技能，体育素养的培养也不仅仅为了提高学生的体育成绩，从更广泛的层面来说，体育素养在提升学生身体素质的同时，也培养了学生坚持不懈的精神和持之以恒的毅力，因此体育素养的提升也是学生价值观念和思想意识的提升。良好的体育素养能够帮助学生养成锻炼身体的良好习惯，积极参与体育运动能够释放学生的心理压力，从而帮助学生化解工作压力和生活中遇到的其他事件。

（三）有助于推动学生心理问题的解决

在当前高速发展的社会背景下，高职学生作为特定阶段的学习者，面临着多方面的压力和挑战，包括学习心理问题、情感心理问题、个性心理问题和自我心理问题。这些问题，如果没有得到妥善地处理和解决，都可能会对学生的个人和职业生涯造成影响。因此，培养高职学生的体育素养和职业能力显得尤为重要。

对于学习心理问题，许多高职学生会感受到学业压力、担心未来职业发展前景等，长时间坐在书桌前学习会加大这种压力。而体育锻炼，如跑步、羽毛球、篮球等，可以使大脑分泌出更多的多巴胺和内啡肽，帮助学生放松心情，减轻学习压力。对于情感心理问题，体育活动为学生提供了与人交往的机会。团队体育如篮球、足球等，能够帮助学生建立积极的人际关系，培养他们的社交技能，帮助他们更好地处理人际关系中的冲突和问题。在与人合作的过程中，学生可以更好地理解他人，增强自己的同情心和理解力。面对困难和挑战时，体育锻炼能让学生学会坚持，也能帮助学生克服个性中的消极倾向，如过于急躁、容易放弃等。对于自我心理问题，良好的体育素养可以帮助学生建立清晰的自我认知。在体育活动中，学生需要不断挑战自己，了解自己的优点和不足，从而更好地认识自己，明确自己的目标和方向。此外，职业能力的培养与上述心理问题的解决也息息相关。具备一定的职业能力，学生可以更加明确自己的职业目标，减少因为对未来的迷茫而带来的心理压力。而职业能力的培养，也需要学生具备良好的心理状态，这与体育素养的培养是相辅相成的。

（四）有助于学生实现自身价值

首先，体育素质对于时间管理有着积极的促进作用。体育锻炼要求定时定量，这需要学生养成良好的时间观念。例如，每天规定运动时间会使学生更加注重时间的分配，锻炼后的放松和休息也能让他们更加高效地投入学习。而且，体育运动本身是一个非常好的放松方式。其次，自主学习与体育素质和职业能力紧密相关。体育锻炼需要个人的坚持和自律，这样的品质也可以转化到学习中。拥有这类品质，学生会更加主动地去寻找资料、解决问题。同时，体育运动中的策略和技巧也能够帮助学生培养解决问题的能力。而在职业能力的培养中，学生需要不断地学习新知识、新技能，这也需要他们具备强烈的自主学习意识。再次，体育活动场所是与人交往的场所之一。在体育场所中运动时，学生会结识各种各样的人，进而学会如何与不同的人合作，如何处理冲突等。这些在体育运动过程中培养出来的交际能力，可以帮助学生更好地处理日常生活中的人际关系，使学生在人际交往中更加自如，更受欢迎。最后，体育锻炼和职业能力的培养可以帮助学生更清晰地认识自己，知道自己的优点和不足，从而作出更为明智的职业选择。

第三节　高职学生体育素养与职业能力的关联性与差异性

一、高职学生体育素养与职业能力的关联性

（一）体育素养可以培养职业能力

职业能力的强弱已然成为学生在就业中立足的关键。较强的职业能力不仅能帮助学生在竞争激烈的市场中凸显自己，更有助于学生迅速融入并适应新的工作环境。为此，高职学生在校期间不应局限于课堂知识的学习，而应当广泛参与社会实践和各类活动，通过实际的经验积累来增强自己的知识技能和技术水平。当今经济的快速发展与社会的持续繁荣，使得企业对于人才的需求日益精细化，不仅看重学生的学术背景，更关注其在团队合作、问题解决和人际沟通等方面的表现。因此，高职院校在培养学生时，应当将重点放在提高其综合能力上，确保学生在毕业后不仅拥有扎实的专业知识，还能全面发展。不可否认的是，体育素养在其中扮演了重要角色。良好的体育素养不仅关乎学生的身体健康，更与其学习和职业能力息息相关。身体健康的学生更有可能拥有高效的学习和工作状态，更有可能在职业生涯中取得更好的表现。

体育素养的内涵十分丰富，不仅包括体育知识、体育意识等，还涉及学生的心智、情感和品质等方面。这样的素养使得体育在学生的成长中占据了不可或缺的地位。一方面，加强对学生体育素养的培养有利于增强学生的身体素质。健康的身体是成功的基石。一个身体健康的学生更有可能在工作中表现得如鱼得水，因为其可以更好地应对日常工作的

压力和挑战，更好地保持高效的工作状态，更容易作出冷静和合理的决策。另一方面，加强对学生体育素养的培养有利于提升学生的思想道德品质。体育活动中的集体项目培养了学生的团队合作意识。在团队中，每个人都要扮演一个角色，这要求他们学会沟通、合作并建立互信关系。体育竞赛中的胜负得失，不仅锻炼了学生的身体，更在心理层面上让他们体会到了失败的苦涩和成功的喜悦，这种经历对于培养他们的韧性和应对压力的能力具有不可估量的价值。这些素养都是职业能力的重要组成部分，对学生未来的职业发展有着重要意义。

（二）职业能力可以提升体育素养

在许多人的观念中，体育素养和职业能力似乎是两个截然不同的领域。然而，随着社会的发展，人们逐渐意识到这两者之间的相互关系。尤其对职业能力而言，其在某种程度上能够提升体育素养。

职场生涯培养了人们的时间管理和计划执行能力。时间管理和计划执行能力是人们职业生涯中非常重要的技能。无论是公司的项目、个人工作任务，还是日常生活的琐事，都需要通过计划和时间的合理安排来确保其顺利进行。同样，体育锻炼也是一个需要时间管理和计划执行的活动。学生需要一个明确、可执行的计划，以及对时间的合理分配来达到自己设定的目标。一个具备时间管理和计划执行能力的人，在制订体育锻炼计划时，会考虑许多因素，会明确自己的锻炼目标，了解为达到这一目标所需要的时间和努力，并据此制订计划。由此可见，在职场中培养出的时间管理和计划执行的职业能力，有助于增强人们的体育素养。

二、高职学生体育素养与职业能力的差异性

在高职体育教学中学生体育素养与职业能力培养的差异主要体现在以下两方面。

（一）培养方式不同

在高职体育教学中，体育素养的培养更多的是通过全面、系统、具

体的学习和锻炼方式进行，通过这种方式，学生会对体育有更全面的了解，包括体育历史、理论、方法、健康观念、规则等。由此一来，学生不仅能够掌握体育的基本技能，更能够理解体育背后蕴藏的文化、哲学和价值观。此外，实践和体验也是体育教学中不可或缺的部分。只有学生真正地参与体育活动，才能真实地体验到运动的乐趣，理解体育的真正意义，从而真正地提升其自身的体育素养。

职业能力的培养与体育素养的培养有所不同。职业能力的培养更注重实践中的应用和展现，其主要涉及的是如何将所学的知识和技能运用到实际的工作中，解决实际的问题。在高职体育教学中，为了培养学生的职业能力，往往需要创造各种实践的机会，让学生参与到真实或模拟的工作场景中，去进行探索和尝试。例如，通过实习、项目实践、模拟经营等方式，学生可以将所学的理论知识与实际工作相结合，锻炼和提升自己的职业能力。这种注重实践的教学方式，不仅可以帮助学生掌握专业知识和技能，更可以培养他们的创新思维和解决问题的能力。在实践中，学生往往会遇到各种预料之外的情况和问题，这就需要动脑筋，发挥创意，找到合适的解决方案。这种锻炼，有助于学生职业能力的提升，也是学生未来进入职场的重要资本。

（二）表现形式不同

职业能力是人外在的表现，如工作效率、技能熟练度和任务完成的质量；而体育素养则是人内在的品质修养，如对健康的关注、体育精神的体现以及生活中的坚持和毅力。因此，从表现形式上来看，职业能力和体育素养有所不同。

职业能力通常是基于某一领域的知识和技能，主要涉及对专业知识的掌握、对工作技能的运用，以及在特定工作场景下的沟通、协调、组织和管理能力。这些能力在日常工作中会有直接的、外在的表现，如完成一个项目、与客户进行有效交流或领导一个团队完成任务。职业能力的高低，往往决定了一个人在职业领域的成就和发展速度。

相比之下，体育素养更多地体现为一个人的内在修养，不仅包括个体对体育活动的热爱和参与，更反映了一个人对身体健康、生活质量的关注和追求。具备良好体育素养的人，往往在日常生活中有着规律的锻炼习惯，对各种体育项目有所了解，甚至在某些项目上有着较高的水平。但更重要的是，他们会将体育精神融入生活中，如公平竞争、团队合作、坚持不懈和克服困难的毅力。这种内在的品质修养，虽然在日常生活中可能不会有直观的外在表现，但能够对一个人的人生观、价值观和行为方式产生深远的影响。例如，一个具有体育素养的人，在面对工作和生活中的挑战时，可能会更加乐观、积极，不轻易放弃。他们会用体育精神去面对生活中的困难，用团队精神与他人协作，用公平竞争的态度去对待每一个机会。

第三章　高职学生体育素养的构成要素、影响因素及功能定位

第一节　高职学生体育素养的构成要素

一、体质

体质是衡量个体身体健康和机能状态的重要指标，能反映人的生理和身体状况。体质不只是对身体肌肉的基本活动能力的体现，还是人体各器官系统在日常生活和肌肉活动中的综合体现。体质主要反映在人体的身体形态、心肺机能、力量、速度、耐久力、灵敏性、柔韧性、协调性和平衡性等方面。体质主要由以下几个要素构成，如图 3-1 所示。

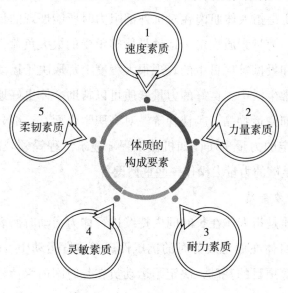

图 3-1　体质的构成要素

（一）速度素质

速度素质是体质的构成要素之一，特指人体在短时间内完成某一动作或连续动作的能力。这一素质既与生物遗传因素有关，也与后天的训练和锻炼密切相关。通常来说，速度素质的表现主要分为反应速度、动作速度和移动速度三种。反应速度是指从感知外界刺激到产生反应所需要的时间，如听到起跑信号后的起跑反应。动作速度是指完成特定动作的速率，如投篮或踢球的速度。移动速度则常与短距离跑动能力挂钩，如 50 米冲刺的时间。

对于高职学生来说，速度素质不仅在体育运动中表现出其重要性，在学习和职业技能的训练中也同样显得尤为关键。在实验室环境中，反应迅速可能意味着更高的实验效率；在职业技能实训中，快速完成特定任务可能与操作的准确性和熟练度紧密相关。因此，速度素质不仅是体育成绩的反映，也是学生日常生活、学习和未来职业发展的重要部分。

（二）力量素质

力量素质是指人体肌肉在对抗外部阻力时所能展现的最大能力。在体育运动中，力量素质决定了运动员能够承受的最大负荷，如运动员在举重、跳远和投掷等项目中的表现很大程度上都取决于运动员的力量水平。而在日常生活中，良好的力量素质可以帮助个体更好地完成一系列物理活动，如搬运物品、爬楼梯等。对高职学生而言，部分专业课程要求其具备一定的力量素质，如机械工程、建筑工程等领域的实践操作，需要学生有足够的力量去操作一些重型设备。

（三）耐力素质

耐力素质是指人体在长时间内持续进行体力活动时所表现出的持久力，反映了身体在面对疲劳时的抗压性。在体育运动中，耐力是长跑、游泳、骑行等项目的基础，决定了运动员在长时间内保持稳定表现的能力。而在日常生活中，良好的耐力可以帮助个体应对各种长时间、高强度的活动，从而更好地应对生活中的挑战。对于高职学生而言，良好的耐力素质不仅关乎其在体育领域的表现，还与其在日常生活、学术研究和未来职业中的持续工作能力紧密相连。具体来说，长时间的实验、研究或连续的工作场景都需要学生有足够的耐力去完成。而且，学术挑战和项目经常需要持续、深入地研究和实践，没有良好的耐力，学生可能难以在这些场景中表现出色。

（四）灵敏素质

灵敏素质反映的是一个人反应速度和协调能力的高低，主要体现在个体对外部刺激的迅速响应和身体各部分之间的和谐协作中。对于高职学生来说，灵敏素质不仅限于其在体育场上的表现。在日常生活和学术实践中，良好的反应速度和协调能力也能够提高学生工作和学习的效率。例如，在实验室操作、机械修理或计算机编程等任务中，灵敏的手指动作和迅速的决策都是至关重要的。从运动的角度看，灵敏素质对于很多体育项目都是非常重要的。无论是羽毛球、乒乓球还是篮球，学生对球的迅速反应和对自身身体姿态的及时调整都能决定比赛的胜负。而且，灵敏性也与避免运动伤害有关，因为及时的身体反应可以帮助学生在面对突发情况时迅速做出决策，从而降低受伤的风险。

（五）柔韧素质

柔韧素质通常形容的是肌肉和关节的伸展性和弹性，体现了身体部位在活动中的可移动范围。这一素质在体育领域中尤为关键，因为其能影响运动员在各种体育项目中的表现，尤其是那些需要身体高度伸展和弯曲的项目，如体操、舞蹈和武术等。对于高职学生来说，柔韧素质同样具有不可忽视的价值，首先，良好的柔韧性可以降低学生运动受伤的风险。当肌肉和关节具有足够的伸展性时，身体才更能够适应各种突然的和强烈的运动，从而减少因过度伸展而导致的损伤。其次，良好的柔韧性有助于提高学生的其他体能素质，如力量和速度，因为更加灵活的肌肉和关节能够提供更大的运动范围。在学习和工作领域，尽管柔韧素质可能不像其他体能素质那样与工作和学习直接相关，但在一些特定的实践操作、实验或工作岗位中，身体的灵活性和可移动性可能会影响学生的工作效率和效果。例如，对于需要长时间保持特定姿势或频繁变换姿势的任务，良好的柔韧性可以提高舒适度和减少疲劳。

二、体育意识

体育意识是一个人对体育活动的积极态度和主观追求，它反映了个体对体育锻炼的重视程度和参与意愿。体育意识主要包括主动参与意识、自主学习意识、主动坚持意识等方面的内容，这些意识行为促使人积极主动地参与体育锻炼，并在参与过程中自觉、有意识地不断完善和修正自身的运动水平，将体育运动转化为自己的乐趣。体育意识主要包括以下几个组成要素，如图 3-2 所示。

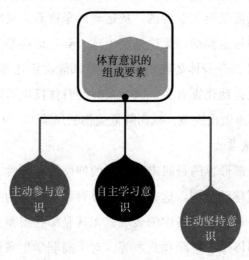

图 3-2　体育意识的组成要素

（一）主动参与意识

主动参与意识指的是人们主动积极地融入体育锻炼中，不等待他人的邀请或者鼓励，而是基于对运动的热爱和对身体健康的追求，自发地参与各类体育活动。在高职学校环境中，学生常常面临各种学业和实践任务，这些忙碌和压力可能会导致体育锻炼被边缘化。然而，拥有主动参与意识的学生能够克服这些障碍，他们明白锻炼对于身体和心理健康的重要性，以及运动对于提高学习和工作效率的积极影响。因此，他们在日常生活中会抽空进行体育锻炼，例如，散步、跑步，以及参与集体运动项目等。

（二）自主学习意识

自主学习意识主要体现在人们在体育锻炼中不断地自我教育和提高，通过观察、学习和实践，修正自己的动作，提高技能，从而获得更好的运动效果。自主学习意识是一个人内在的动力，能够推动学生去探索、学习和完善自己的体育能力。在高职教育中，学生需要具备一定的独立思考能力和自主学习能力，由此才能适应快速变化的社会环境和工作需求。体育领域同样如此。随着技术的进步和新的运动形式的出现，学生要有能力去自主探索新的运动方法，了解身体的运作机制，并根据自己的需要调整和优化锻炼方式。具备较强自主学习意识的学生在体育活动中更有可能达到更好的效果，因为这类学生不会被动地接受教练或教师的指导，而是主动地寻找资料，观察和模仿高水平的运动员，甚至自己创新和尝试新的训练方法。这种主动性使得学生能够更快地掌握技能，更高效地提高体育素养。

（三）主动坚持意识

主动坚持意识是指个体在面对困难和挑战时，能够毫不动摇、持续不断地投入和参与体育活动。主动坚持意识是一种行为表现，更是一种内在的信仰和态度，其强调的是过程和经历，而不仅仅是结果和成果。

对于高职学生来说，其所面对的学习压力、实习挑战和未来就业的不确定性可能会导致其忽视体育锻炼。而如果学生具备较强的主动坚持意识，其就会意识到无论生活有多忙碌，身体健康和体育锻炼都是不可或缺的。在体育活动中，每个人都可能会遇到挫折，可能是某个技能难以掌握，也可能是因为伤病而被迫暂停锻炼。而具备主动坚持意识的学生会选择不放弃，会寻找克服困难的方法，持续努力，直到达到目标。这种意识能使学生明白，每一次的失败都是成长的机会，每一次的困难都是锻炼意志的机会。

三、体育知识

体育知识是指学生对于体育方面相关的知识的储备，体育知识是人们进行体育活动的基础，主要包括人体知识、体育保健知识、基本体育运动知识。在高等体育教学中，注重培养学生的体育知识素养，不仅有助于学生在学术上的成长，更有助于培养学生的"终身体育"观念。体育知识的组成要素如下图 3-3 所示。

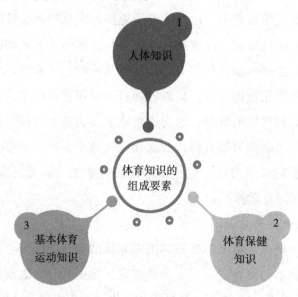

图 3-3　体育知识的组成要素

（一）人体知识

对人体的了解并不局限于对身体各个部位的名称或位置的认识，更包括对身体是如何工作的，身体是如何反应和适应体育活动的，以及怎样通过恰当的锻炼和休息来优化身体性能等方面的深入理解。对高职学生来说，其所接触的专业领域可能各不相同，但健康的身体是所有学生共同的追求。了解人体知识可以帮助学生更科学地制订锻炼计划，减少运动伤害，同时提高锻炼效果。例如，了解肌肉的结构和功能可以帮助学生理解为什么某些锻炼方式比其他方式更有效，或者为什么恢复时间对于避免身体过度劳损是如此关键。此外，高职学生在日常生活和学业中可能会遇到各种压力和挑战。对人体知识的了解能帮助学生认识身体和心理的相互作用机制。例如，学生会更加了解为什么运动可以减轻压力，为什么充足的睡眠对于学习和工作效率如此关键，以及为什么平衡的饮食对于身体和精神的整体健康都有益。

（二）体育保健知识

体育保健知识的学习旨在促进学生身体健康、提高学生生活质量。体育保健知识主要包括以下几方面内容。一是如何正确地、安全地进行体育锻炼。高职学生面对的学业压力和生活挑战常常使其参加体育活动的频率减少，通过学习保健知识，了解如何在有限的时间内有效锻炼，避免运动伤害，以及如何选择适合自己身体状况的锻炼方式，可以使学生在课余时间得到有效的锻炼。二是锻炼后如何恢复身体。其主要包括了解进行拉伸、冷热敷、按摩等恢复手段，以及了解合理的饮食搭配方法和休息策略。三是运动与饮食之间的关系。一个合理、均衡的饮食可以为人的体育活动提供必要的能量。了解不同食物对身体的作用，以及在什么时间吃什么食物最有益，是体育保健知识的重要内容。

（三）基本体育运动知识

掌握基本的体育运动知识，学生能够更好地理解运动对身体的影响。例如，学生可以了解到为什么某些动作或技巧是有效的，为什么某些锻炼方法可以提高某一项特定的身体能力，以及为什么需要采用特定的训练方法来增强某些肌肉群等，有助于增强学生的运动兴趣和热情。

四、体育心理

体育活动是以促进人的身心健康为目的而进行的活动。人们在进行体育活动时，会产生不同于其他活动的心理现象，这就是体育心理。体育心理主要包括体育情绪和社会适应两个方面内容。

（一）体育情绪

所谓体育情绪，指的是个体在运动场上或体育活动中所产生的情感体验。体育情绪是多维的，在比赛或训练中，学生可能会经历从兴奋到焦虑，从自信到恐惧的各种情绪。这些情绪可能源于比赛的胜负、对个人表现的满意度或是来自外部的评价和期望。例如，当一名学生成功地完成了一个技巧时，他可能会感到无比的兴奋和满足；而当学生遭遇失败或面对强大的对手时，他可能会感到沮丧或焦虑。体育情绪对学生的动机和投入程度有着直接的影响。积极的情绪，如自信、乐观和兴奋，可以增强学生的运动兴趣，激发他们的激情，使学生更加努力地训练和比赛。而消极的情绪，如沮丧、恐惧和紧张，可能会降低学生的表现欲望，使他们失去运动的兴趣和动力。

（二）社会适应

体育适应主要涉及学生如何在体育场景中与他人互动，以及如何在各种社会情境中有效地运用体育技能和知识。在体育活动中，学生经常需要与其他人合作，无论是在团队运动中的队友合作，还是在双打比赛中的搭档配合，都需要学生具备良好的沟通能力。良好的沟通能力能够帮助学生理解和感知队友的需求和期望，也能帮助学生表达自己的意图和情感。

五、体育技能

体育技能是大学生进行体育活动时所必需的。体育技能的组成要素主要包括体育运动技能、体育组织技能、体育鉴赏技能等，如图3-4所示。

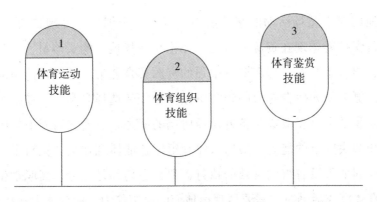

图 3-4 体育技能的组成要素

（一）体育运动技能

体育运动技能指的是个体所掌握的运动项目的基本技巧，如投、接、跑、跳。体育运动能力主要体现个人运动水平的高低，运动水平又分为专项运动水平和综合运动水平。专项运动水平主要关注个体在某一具体运动项目中的表现能力。例如，在篮球、乒乓球、田径等项目中，个体需要专门的训练、技术和策略来提高自己在该项目中的表现。这类能力往往需要长时间的针对性训练、教练的指导以及实战经验的积累。综合运动水平更多地体现在个体对各种体育运动的适应和掌握能力上，其关注的是一个人是否能够在不同的体育项目中都有一定的表现，而不仅仅局限于某一单一项目。这种能力往往要求个体拥有较好的身体素质、广泛的运动经验和快速适应新项目的能力。

（二）体育组织技能

体育组织技能是指学生组织和策划体育活动的能力，包括团队协作、赛事组织等。体育组织技能不仅仅是组织一场球赛或运动会那么简单，它还涉及赛事策划、资源整合、团队协作和执行力的锻炼与展现等。

首先，体育组织技能体现在赛事策划上。任何一场体育赛事或活动，都需要有一个明确且实际的计划，包括确定活动的目的、确定参与者、设定时间和地点、考虑所需的资源等。高职学生在这个过程中，需要展现出他们对于整场活动的掌控能力，以及对于细节的处理技巧。其次，体育组织技能体现在资源整合上。无论是找场地、购买器材，还是寻求赞助、招募志愿者，都需要有很强的资源整合能力。这不是简单的资源调配，更多是如何在有限的资源中做出最佳的选择和利用。在这个过程中，高职学生可以锻炼与各方沟通协调的能力，也能够培养他们的创新思维和解决问题的能力。最后，体育组织技能体现在具体执行上。一个好的计划如果没有得到有效的执行，那么一切都是徒劳。高职学生在组织体育赛事或活动时，需要展现出他们的决策能力、应变能力和执行力，以确保活动的顺利进行。

（三）体育鉴赏技能

体育鉴赏技能使学生能够欣赏体育比赛，理解策略，并从中获取乐趣。体育鉴赏技能主要包括学生对体育赛事、体育精神、人文精神的鉴赏水平。

体育赛事本身蕴含了丰富的战略和技巧。一个具备体育鉴赏技能的学生不仅可以看到比赛的表面，还能够洞察比赛策略、团队合作的微妙之处和运动员的技能选择，同时会对一个精彩的进攻、一个精湛的防守或一个关键的决策有更深入的理解。体育精神的鉴赏主要涉及对公平竞赛、努力拼搏、团队合作和尊重对手等核心价值的理解和欣赏。具备体育鉴赏技能的学生会看到运动员在比赛中展现出的这些价值，并从中得到启发，将这些价值观融入自己的日常生活和学习中。体育与人文相结合，为赛事赋予了深厚的文化背景和情感色彩。一个有体育鉴赏技能的学生能够看到这些比赛背后的文化和情感，理解它们如何影响比赛、运动员和观众。

六、体育品德

体育品德是体育活动中的道德规范、精神追求和性格养成的总和，它对于促进个体全面发展和构建和谐社会具有重要意义。体育品德的组成要素主要包括体育精神、体育道德和体育品格，如图 3-5 所示。

图 3-5　体育品德的组成要素

（一）体育精神

体育精神包括勇于面对困难、挫折，具备勇敢顽强的拼搏精神。无论是在竞技场上还是日常生活中，人们面对的不仅仅是对手，更多的是自己内心的挑战。每一次的失败、每一次的疼痛、每一滴汗水都成为锻炼意志、增强毅力的机会。只有勇敢面对，才能超越自己。在体育、学习和工作领域，结果固然重要，但过程更为关键。每一次的努力，每一次的拼搏，无论是为了赢得比赛还是为了达到自己的目标，都是对自己能力的一次挑战和超越。这种不畏艰难、持续努力的态度，不仅仅体现在运动员的身上，更是每一个高职学生应有的精神品质。

（二）体育道德

体育道德主要包括四部分内容，一是尊重比赛规则。只有当每个参与者都严格遵守比赛规则时，体育比赛才能真正公平、公正。违反规则不仅损害了比赛的公正性，更是对体育精神的背离。二是尊重伙伴与对手。体育不仅仅是一场对抗，更是一种交流与沟通。无论是队友还是对手，都值得被尊重。真正的体育精神鼓励运动员对待对手如同对待自己，彼此之间应有的是竞技场上的拼搏，而不是恶意的冲突或言语伤害。三是诚实守信。不论是在训练中还是在比赛中，运动员都应该坦然面对得失。诚实守信意味着运动员在面对困境时，仍然坚守自己的道德底线，不被短暂的胜利所诱惑。四是尊重裁判。裁判是比赛的公正性的保障，他们的决策应当得到所有参与者的尊重。即便判决结果存在争议，运动员和教练也应该以适当的方式提出异议，而不是对裁判进行人身攻击。

（三）体育品格

体育品格主要包括以下两方面内容。一是正确的胜负观。在体育竞技中，胜败乃兵家常事，但如何看待胜利与失败则关乎个人的成长与修为。一个具有健康体育品格的人不会因为一时的胜利而骄傲，也不会因为一时的失败而沮丧，其会从每次的比赛和锻炼中，汲取经验，持续成长。二是文明礼貌。在场上尊重对手，遵守比赛规则，对裁判的决定表示尊重，都是体现个人文明礼貌的行为。而在场下，无论是与队友的交往还是与观众的互动，都需要展现出诚挚与友善，传达正能量，展现出体育者应有的风采。

第二节　高职学生体育素养的影响因素

一、学生个体影响因素

在高职教育培养体系中，学生个体因素对体育素养的培养具有深远的影响。由于每位学生的身体条件、心理特质、生活背景及个人兴趣等各不相同，因此，其在体育学习的动机、参与度和效果上也有所差异。这些个体因素直接影响着学生对体育活动的态度和行为，进而决定着其体育素养的提升路径和成效。高职学生体育素养的学生个体影响因素如下图 3-6 所示。

图 3-6　高职学生体育素养的学生个体影响因素

（一）对体育锻炼价值的认知程度

对于高职学生而言，他们身处一个充满学术压力、社交活动和日常琐事的环境中，充分认识体育锻炼价值的重要性显得尤为关键。学生对体育锻炼价值的认知程度，对其体育素养有着深远的影响。

深入理解体育锻炼的多重价值意味着学生不仅看到了运动带来的表层乐趣，还认识到了其对身体健康、心理平衡、学习进步和社交互动的深远影响。对于那些充分认识到这些价值的学生而言，体育锻炼并不只是一项任务或义务，而是一种生活方式，他们会更加珍视每一个锻炼的机会，因为他们知道这对自己的整体发展有益。那些对体育锻炼价值认知不足的学生，可能看不到参与体育活动的深远意义，可能将其视为一项可有可无的活动，甚至可能选择拒绝参加体育活动。这种态度会导致他们错过体育锻炼带来的种种好处。学生对体育锻炼价值的认知程度决定着学生参与体育活动的积极性，其对于促进学生的全面发展至关重要。

定期参加体育运动意义重大，如可以提高心肺功能，增强免疫力，并帮助调节情绪，释放压力。对于许多职业而言，良好的身体状况和体育技能是必要的。例如，公务员、警察、消防员等职业都要求达到一定的体能标准。实际上，对体育锻炼价值的认知程度是决定学生参与体育活动意愿的内在驱动力。对体育锻炼价值有深度认知的学生，往往会选择主动参与各种体育活动，无论是加入体育社团、参与校级比赛，还是简单地在日常生活中坚持锻炼。这些学生深知，体育锻炼不仅是对身体的锻炼，更是对自己未来的投资。

（二）运动兴趣

运动兴趣是指学生对特定体育项目或活动产生的喜好和偏好。这种兴趣源于学生的内在情感、认知和经验，而这些经验主要是在与家庭、朋友或同事的互动过程中产生的。对于高职学生来说，运动兴趣对其体育素养有着不可忽视的影响。

1. 运动兴趣是驱使学生参与体育活动的内在动机

兴趣是最好的老师。当学生对某项体育项目产生浓厚的兴趣时，他们的动机是源于内心的，这种动机更持久、更稳定，且不容易受到外部因素的影响。相较于外部驱使，如学分要求、老师或家长的压力等，内在的兴趣更能激发学生的潜能，使学生愿意为此投入时间和精力。例如，一个对篮球有着浓厚兴趣的学生可能会在放学后自发地加入篮球队，主动参加训练，甚至在家里也会寻找机会练习投篮或者控球技巧。这种自发性的锻炼和实践远远超过了普通体育课的要求，这不仅增加了学生的锻炼时间，也使学生有更多机会磨炼技能和体能。另外，当学生因为兴趣而参与体育活动时，学生面对挑战和困难的态度也会有所不同。他们更愿意接受挑战，不怕失败，因为学生知道每一次的失败都是成长的机会。这种勇于尝试和持续努力的态度，使学生在技能上更快取得进步。

2. 运动兴趣决定着学生对体育活动的态度

兴趣是一种内在的心理驱动力。当学生对某一项目产生兴趣时，他们的认知、情感和行为都会受到积极的影响。从情感层面来看，产生兴趣的学生更容易在体育活动中体验到满足感和成就感。每一次的小进步、每一次的成功体验都会成为其动力源，可以使他们继续参与体育活动并为之努力。同时，学生对挑战和困难的看法也会发生变化。学生不再将其视为障碍，而是视为提高自己的机会。这种从困难中寻找机会的思维方式使他们在遇到问题时更有韧性，更能坚持下去。从行为层面来看，对某项运动产生兴趣的学生在参与过程中更为投入和积极，愿意为此付出更多的时间和努力，这不仅仅是为了达到某个标准或满足某个要求，更多的是内心的驱动。这种自主性和积极性直接促使他们在技能、体能和团队合作等方面有更好的表现。

3. 运动兴趣可以增强学生的持久性和韧性

运动兴趣在培养学生的持久性和韧性方面发挥着至关重要的作用。体育运动中的进步与成果往往需要时间的积累和长期的努力。而在这个过程中，学生可能会遇到技巧上的瓶颈、体能的限制、失败的打击等一系列挑战。正是他们内心的运动兴趣，使得这些困难和挫折变得不再那么令人畏惧，而是成为他们前进路上的催化剂。对于那些对某项运动有浓厚兴趣的学生，他们对这项运动的热爱和对未来的期待使得他们更容易突破目前的困境。他们相信，只要坚持下去，终究可以克服当前的难关。另外，当学生真心喜欢某项运动时，就不只是为了达到某个标准或赢得某场比赛而努力，更多的是出于对运动的热爱，为了体验运动带来的快乐和满足感。这种出于内心的驱动，比任何外部的奖励或惩罚都更为持久和稳定。

（三）身体素质

身体素质是学生参与体育活动的基础。强健的体魄、良好的心肺功能、合适的肌肉力量和柔韧性等，都是参与各种体育活动所必需的。一个身体素质较好的学生，更可能在体育活动中取得良好的表现，他们在技能学习和实践中会感到更为轻松，并更容易体验到运动带来的乐趣。

这种正面的体验将进一步鼓励他们参与更多的体育锻炼，形成一个良好的正反馈循环。

1. 身体素质影响着学生在体育活动中的持久性和耐力

具备良好的身体素质尤其是心肺耐力的学生，通常可以在运动中表现得更为出色，同时能够承受更高的运动强度和更长的运动时间，而且由于其身体适应性强，恢复能力也较快，因此他们在多种体育项目中都能够发挥出较好的水平。

2. 身体素质影响着学生的自我评价和自信心

实际上，身体和心理两者之间存在着相互关系，其中身体素质的好坏往往是影响学生自我评价的重要因素之一。在当前这个高度重视外貌和能力的社会环境中，身体素质的高低往往与一个人的自我价值感、自信心和自尊心紧密相连。

当学生意识到自己在某些体育项目中具有一定的优势，例如，速度快、力量大或者耐力好，这会使他们更加自信地面对各种体育挑战。这种认知上的优势让他们更容易相信自己有能力克服体育活动中的困难，从而更加投入运动过程中。正面的运动体验进一步加强了他们的自我评价，使他们觉得自己更有价值、更受欢迎。此外，这种由于身体素质带来的自信心还会对学生的日常生活产生正面的影响。他们在社交、学习和工作中可能会更为自信、主动和开放。与此同时，意识到自己身体的优势和价值，学生很可能会更加珍视自己的身体健康，采取更为健康的生活方式，如合理饮食、规律作息和持续锻炼。而反观那些身体素质较差的学生，他们可能会对自己在体育活动中的表现感到不自信，甚至产生逃避心理。但值得注意的是，身体素质并不是固定的，通过持续的锻炼和训练，每个人都有可能提高自己的身体素质，从而增强自己的自信心和自我评价。

3. 良好的身体素质也为学生提供了更多的体育选择空间

在体育中，不同的运动项目对参与者的身体条件有不同的要求。例如，篮球需要弹跳能力和灵活性，长跑要求有良好的心肺耐力，举重则需要有出色的肌肉力量。对于身体素质较好的学生来说，其天生就具备了参与这些活动的条件。这种身体上的优势为学生提供了更多的体育选择空间。他们可以根据自己的兴趣和身体条件来选择不同的体育项目。这不仅意味着他们可以在各种体育项目中自由地转换，而且还能够根据自己的情况选择最适合自己的项目，从而获得最大的满足和乐趣。另外，更多的体育选择空间也意味着更为丰富的体育体验。不同的运动项目有其独特的魅力和挑战。身体素质较好的学生可以通过尝试各种体育活动，体验不同的运动乐趣，挑战自己的极限。

二、学校环境影响因素

学校是塑造高职学生体育素养的关键场所，其对学生的体育行为习惯、态度和参与度具有深刻的影响。离职学生体育素养的学校环境影响因素主要包括以下几点，如图 3-7 所示。

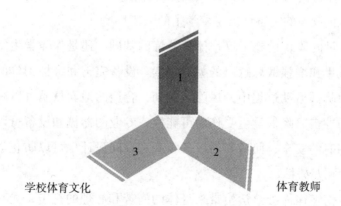

图 3-7　高职学生体育素养的学校环境影响因素

（一）体育设施

体育设施不仅直接决定了学生能够进行的运动类型，还对他们对体育的兴趣和参与度产生深远的影响。具体来说，体育设施对学生体育素养的影响主要表现在以下几方面。

1.体育设施的完备性决定着学生的运动种类

设施齐全的体育场所为学生提供了广泛的运动选择，从团队运动如篮球、足球到个人项目如游泳、羽毛球，学生都能自由选择并体验。这不仅有助于满足学生的不同兴趣和需求，也鼓励他们尝试和探索新的运动项目，进而发掘和培养他们的运动潜力和特长。多样化的运动选择可以让学生在运动中找到自己的位置，无论是作为团队的一员还是个人的竞技，他们都能够在其中找到乐趣和成就感。相反，设备不足的体育场所往往限制了学生的运动选择和体验。在这种情况下，学生往往只能进行一些基础的体操和跑步活动，运动项目的单一和重复性可能会导致学生对体育产生厌倦和抵触情绪。更重要的是，他们可能无法根据自己的兴趣和特长选择合适的运动项目，导致他们在体育中缺乏积极性。在这种情况下，学生可能会对体育产生误解，认为体育就是单调和枯燥的，而忽略了体育给人带来的快乐、挑战和成就感。

2.体育设施的完备性决定着学生的锻炼环境

高质量的体育设施不仅是体育锻炼的基础，还是保障学生安全、提高锻炼效果和增强锻炼意愿的关键因素。设备完善和维护到位的场所可以极大地降低运动过程中的风险。例如，合适的地面材质可以减缓跌倒时带来的冲击，降低学生受伤的可能性；专业的器械和设备可以确保学生在使用时的安全；而适当的设备布局和空间设计也可以防止学生在运动时发生相互碰撞。

运动伤害往往会给学生带来身体的痛苦和心理的打击，尤其是对于初学者或不经常锻炼的学生，一次运动伤害可能会导致他们对体育锻炼产生恐惧和回避情绪，甚至永久放弃锻炼。因此，提供一个安全的锻炼环境对于培养学生的体育兴趣至关重要。除了安全因素，高质量的体育设施还能为学生提供一个舒适和愉悦的锻炼环境。舒适的温度、良好的通风、清晰的照明以及专业的音响系统都可以增强学生的体验感，使他们更愿意长时间停留和参与。舒适的环境可以帮助学生更快地进入运动状态，更好地放松身心，从而获得更强的锻炼效果。

3.体育设备的完备性影响着体育教学效果

学校的体育设施直接关系到体育教育的质量和效果。第一，完备和高质量的设施可以为教师提供一个更为有效的教学环境。例如，在篮球教学中，一个标准的篮球场、合适的篮球架和足够数量的篮球可以确保每个学生都有充分的实践机会。而在缺乏这些设施的情况下，教师可能需要做出妥协，如简化教学内容或减少学生的实践机会，这都会影响学生的学习效果。第二，高质量的体育设施为学生提供了更为真实的运动体验。例如，在游泳教学中，一个具备合适深度和温度的游泳池不仅可以保证学生的安全，还可以让学生更好地体验游泳的乐趣。相反，如果游泳池的条件不佳，学生可能会因为感到不适或害怕而对游泳产生抗拒心理。第三，设施的质量和完备性影响教师的教学策略和方法。拥有先进的体育设备如电子计时系统、视频分析软件等，可以使教师采用更为科学的教学方法，如视频反馈、数据分析等，去帮助学生更精确地理解和改进自己的动作。而在缺乏这些设备的学校，教师只能依赖于传统的教学方法，这可能限制了学生学习的深度和广度。

（二）体育教师

体育教师在高职学生体育素养的塑造过程中占据着举足轻重的地位。他们不仅是知识和技能的传授者，更是学生体育情感、态度、兴趣和习惯形成的重要引导者。一个有热情的体育教师对于激发学生的体育兴趣，提高学生的体育动机，塑造学生的体育态度和习惯具有不可替代的作用。

1.体育教师的专业能力影响着学生的学习体验

体育教师的专业能力对于学生的学习体验具有至关重要的作用。一方面，教师的教学方法和技巧会直接影响学生的学习效果。一个具备深厚体育知识和技能的教师能够准确地识别学生的需求和问题，为他们提供有针对性的指导和反馈，帮助他们快速地掌握技能和提高运动水平。相反，一个专业能力不足的教师可能无法为学生提供有效的帮助，甚至可能教授给学生错误的技巧和方法，导致学生在学习过程中感到困惑和沮丧。另一方面，教师的专业能力关系到学生的安全。体育活动中常常存在伤害的风险，一个经验丰富的教师能够教授学生正确的运动方法，预防运动伤害，确保学生的安全。而一个缺乏专业知识的教师可能无法识别和预防潜在的危险，增加了学生受伤的风险。

2. 体育教师的个人魅力影响着学生的体育态度

体育教师的个人魅力直接关系到学生对体育的态度，从而进一步影响学生的体育素养。一个具有魅力的体育教师往往深得学生的喜爱和尊敬，使得学生更加乐意参与体育课程，更加珍视每一次的锻炼机会。首先，一个魅力四溢的教师往往能够更好地与学生建立关系，吸引学生的注意力，激发学生的学习兴趣。教师的言传身教，无论是在课堂上的教学风格、与学生的互动方式，还是在课下的指导和关心，都能够深深打动学生。这样的课堂不再是单调乏味地锻炼，而是一个充满乐趣和挑战的探索过程。其次，教师的个人魅力可以正面影响学生的自我认知和自尊心。当学生看到一个他们敬爱的教师对体育的热爱和投入，他们会更加相信体育的价值，更有动力去挑战自己，追求更高的运动水平。教师的鼓励和赞赏更是对学生的巨大鼓舞，帮助学生建立自信，让学生相信自己也能在体育领域取得成就。

3. 体育教师的品德修养影响着学生的体育品德

在体育教学中，教师不仅仅传授技能和知识，更重要的是，他们通过日常的互动和示范，为学生提供了一个关于如何对待运动和竞技的价值观和行为准则的模板。教师的行为、态度和言辞都可能成为学生模仿和学习的对象，这使得他们的品德修养变得尤为关键。一方面，体育教师的公正诚实为学生展现了比赛中应有的品质。当教师公正地评价学生的表现时，学生就能从中理解到，真正的胜利不是以牺牲公平为代价的。

同样，教师在教学中要诚实，无论是对待自己的失误还是对学生的评价，都为学生树立了榜样。另一方面，教师的尊重和耐心也为学生展现了与他人交往时应有的态度。在体育中，尊重对手和团队合作是极为重要的，当教师对每一个学生都充满尊重，不因其能力高低而有所偏颇，学生就会明白，每个人都值得被尊重，每个人都有其自身的价值。

（三）学校体育文化

学校体育文化是学校师生在长时间内形成的对体育的价值观，是学校体育活动的精神内核和行为准则。这种文化氛围不仅影响学生对体育的态度和兴趣，还对他们的体育技能、知识、情感和习惯产生深远的影响。首先，一个重视体育、认为体育是培养学生全面发展、帮助学生健康成长的重要途径的学校，会为学生创造一个充满活力、充满挑战和乐趣的体育学习环境。在这种环境中，学生能够感受到体育的魅力和价值，从而激发学生参与体育活动的兴趣。其次，一个拥有丰富体育活动、注重学生体育参与和体验的学校，会为学生提供多种多样的体育活动选择，去满足他们的不同兴趣和需求。这些体育活动不仅能够帮助学生掌握多种体育技能和知识，还能够培养学生的团队合作能力、竞争意识、挑战精神和自律性。最后，一个重视体育成绩、认为体育是培养学生品质和能力的重要途径的学校，会为学生创造一个公平、公正的环境。在这种环境中，学生的体育成就能够得到学校和社会的认可和鼓励，从而增强学生的体育自信和自尊。

三、社会环境影响因素

积极的社会环境是高职学生体育素养发展的重要外部条件，对学生形成健康的体育文化和生活方式有着不可替代的影响。社会环境影响因素主要包括以下几点，如图3-8所示。

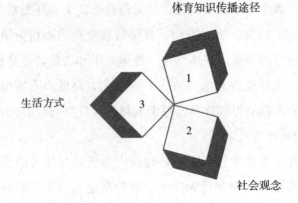

图 3-8　高职学生体育素养的社会环境影响因素

（一）体育知识传播途径

在当今社会，体育知识的获取不再局限于学校体育课或者传统的教练指导。随着信息技术的发展，多种多样的传播渠道使得体育知识的获取变得更为便捷。这些传播途径为高职学生提供了丰富的资源，但也带来了一些挑战。

互联网和社交媒体平台成为体育知识传播的主要途径。对于高职学生这个群体，其生活在数字化、网络化的时代，网络环境下的交互成为日常生活中不可或缺的一部分。在体育知识获取方面，传统的图书、教练指导等方式，尽管仍具有其独特价值，但其在传播速度和广度上已经难以与网络平台相提并论。首先，互联网为高职学生提供了海量的体育知识资源。不论是各种技能教程、健身方法、还是高级的运动策略，只要输入关键词，就能得到众多的搜索结果。这种丰富性为学生提供了广泛的选择，使他们可以根据自己的实际情况和兴趣挑选合适的内容。其次，社交媒体平台的社交性质使得体育知识的传播更具有互动性和实时性。高职学生不仅可以从平台上获取知识，还可以与其他同伴互动交流，分享经验，甚至通过在线社群参与集体活动或挑战。这种社交互动加深了他们的学习体验，也使得其学习过程更加生动有趣。

不可否认的是，在互联网时代，信息的快速传播和获取给高职学生带来了便利，但这种便利的背后也隐藏着潜在的风险。网络上的信息来源繁多，真假难辨。首先，错误或不科学的运动方法对高职学生的健康是一个巨大的威胁。例如，不正确的健身动作可能导致关节、肌肉受伤，或者长时间的错误训练可能会导致身体的慢性损伤。对于那些刚开始接触体育锻炼的学生来说，他们很可能因为缺乏鉴别这些信息真伪的能力，而盲目跟随，造成身体伤害。其次，互联网上的体育锻炼教程往往片段化，缺乏系统性。高职学生可能在一个平台上学习到某种技能的一部分，然后在另一个平台上学习另一部分。这种碎片化的学习方式，虽然可以满足短时间内的学习需求，但从长远来看，它可能会导致学生的体育技能的发展不够全面。

（二）社会观念

当前社会的观念和价值观，在一定程度上塑造了学生对待体育锻炼的态度、动机和行为方式。社会观念与体育素养的关系也因此变得尤为紧密。

在当代社会，高职学生处在一个快节奏的环境中，不仅要应对学业压力，还要为实习和未来的求职做好准备。在这种情境下，体育锻炼逐渐被人们视为一种重要的减压方式。这不仅仅是因为体育锻炼能够帮助人们分散注意力，更重要的是，运动有助于缓解人的焦虑和压抑情绪。通过锻炼，学生不仅得到了身体上的舒缓，还在运动中与同伴进行了交流与合作。

（三）生活方式

随着社会的进步和技术的发展，人们的生活方式发生了深刻的变革，这些变化对高职学生的体育素养带来了重要的影响。体育健身场所在城市中随处可见，为学生提供了便利。与此同时，随着健康饮食和锻炼成为一种流行趋势，很多学生也开始重视健康的生活方式，愿意投资时间和金钱去保持身体健康。

第三节 高职学生体育素养的功能定位

一、教学实践的依据

在当今日益复杂的教育环境中，高职学生所面临的挑战和需求也在持续变化。为了确保高职学生在职业领域和日常生活中都能获得成就感、愉悦感，学校需要为学生提供一个更具针对性、更具深度的教育体验。在这个背景下，体育素养在高职学生教育中变得尤为重要，特别是作为教学实践的依据。

首先，体育素养为教学实践提供了明确的目标。传统体育教学集中于技能掌握与练习的课程，例如，如何控制足球、如何完成篮球投篮或如何提高跑步速度。然而，当教师基于体育素养来进行教学时，这种视角发生了根本性的变化。体育素养强调的是学生的整体发展，这意味着其不仅关乎学生体育技能的掌握，还包括对学生身体健康、心理健康和社交能力的培养。其中，身体健康关系到学生对自身身体的认识。心理健康涉及的是如何通过体育活动培养学生的自信、抗压能力和团队合作精神，让他们在面对挑战时拥有足够的韧性。而社交能力则是通过团队体育或小组活动培养学生的沟通、合作和领导能力，帮助他们在现实生活中建立积极的人际关系。因此，基于体育素养的教学不再是简单的技能训练，而是一个全面的、多元的教育体验，它更加关注学生的长期发展和实际需求。

其次，体育素养为教学实践提供了一种方法。在基于体育素养的教学实践中，教学的关注点转向了学生的参与和体验。这意味着，体育教学不是简单地追求一个技能或成果，而是关注学生在活动中的参与度、体验感以及从中学到的东西。当学生认识到自己不仅仅是被评估的对象，而是活动的参与者，且努力、进步和经验同样重要时，学生对体育的兴趣和热情也会更加浓厚。因此，体育素养不仅为教学实践提供了一个新的方法，还为学生提供了一个更有意义、更积极的体育体验。

二、学生成长的蓝图

在这样一个全新的时代，社会、科技、文化和经济的快速变革都对教育领域提出新的要求。为适应社会的需要，学生不仅需要拥有扎实的学术基础，更需要具备一系列的综合素养。其中，体育素养无疑是一个至关重要的部分。高职学生即将走入社会，面对职场的压力和挑战，拥有良好的体育素养将助力其成长。

体育素养并非单纯指对某项运动技能的掌握，其更注重对运动背后的理念、文化和价值的理解和体验。在提及学生应具备的体育素养时，实际上是在强调一种生活态度，一种健康、积极、向上的人生观。这种态度和人生观不仅仅体现在运动场上，还会影响学生未来生活的方方面面。面对未来生活中的各种挑战，拥有良好体育素养的学生往往更有自信、更有韧性。他们知道如何调节自己的情绪、知道如何面对压力、知道如何与他人合作。而这些正是未来社会所迫切需要的素质。

实际上，体育素养的培养并不仅仅是对学生的一种要求，更是对整个社会的一种期望。在这个时代，更需要有一种健康、积极的生活态度，更需要有一种和谐、合作的社会观念。而体育恰恰提供了一个绝佳的平台，让高职学生实践和体验这些理念。因此可以说，体育素养实际上是新时代学生成长的蓝图。它不仅仅是一种技能，更是一种价值观、一种态度、一种人生观。在未来的日子里，教师期望每一位学生都能深刻体会到体育所带来的乐趣和收获，成为一个健康、快乐的人。而为了实现这一目标，高职院校还需要做更多的努力，投入更多的资源，创新更多的方法，确保每一个学生都能在体育的世界里找到属于自己的位置。

三、教学评价的载体

随着社会的发展和教育理念的更新，体育素养逐渐从一个单纯的术语，演变为教育评价的核心载体。特别是在高职教育体系中，体育素养已经成为体育教学的主要目标。而体育教学目标是教学评价的标准和依据，由此可推导出，体育素养是教学评价的载体。

在高职教育中，学生即将走入社会，开始他们的职业生涯。他们将面临许多未知的挑战和压力。在这样的情境下，体育素养不仅可以帮助学生保持健康的身心状态，乐观地面对生活的挑战。因此，高职教育强调体育素养的培养，实际上是希望学生能够真正实践和体验这些理念。而这也是体育与健康课程标准中所强调的核心内容。在这样的背景下，体育素养自然成为高职体育教学的重要目标。

第四章　高职体育教学中培养学生体育素养的实践探索

第一节　高职体育教学中培养学生体育素养的原则

一、针对性原则

在当今的高职体育教学中，针对性原则强调，教师要依据学生的特点，采用相应的教学方法，进而促进学生体育素养的全面发展。

对于学生的体质水平，针对性原则要求教学方法应该根据学生的实际体质水平进行调整和设计，确保每位学生都能够在安全的范围内获得最大的锻炼效果。在体育活动中，不同的学生体质也会不同。有些学生可能体能出众，有较强的耐力和力量，而另一些学生可能体质相对较弱，需要更多地锻炼和训练来提高自己的体质。这就需要教师进行细致的观察，了解每位学生的体质水平，并根据其特点制订合适的锻炼计划。例如，在长跑锻炼中，对于体能较好的学生，教师可以设计更高难度的训练项目，如增加跑步的距离或速度，以进一步提高其耐力。而对于体能较弱的学生，教师则可以从基础的有氧运动开始，逐渐增加训练的强度，帮助他们逐步提高体质。

对于学生的体育意识，针对性原则要求教师尽量引导学生对体育产生浓厚的兴趣和积极的态度，深化学生对体育深层意义的理解，并使之成为学生日常生活的一部分。具体来说，教师可以组织各种有趣的体育活动，激发学生体育兴趣。如校园马拉松、篮球比赛等活动，这些体育活动不仅提供了一个让学生积极参与的平台，还为他们创造了一个展示自己、挑战自己和超越自己的机会。在这些活动中，学生不仅能体验到运动的乐趣，还能感受到团队合作的重要性、竞技的紧张与激情，以及胜败的喜悦与失落。

对于学生的体育知识，针对性原则要求教师对每位学生的知识水平、兴趣和需要进行评估，然后根据这些评估结果来调整教学策略和内容。例如，对于已经掌握篮球基本规则的学生，单纯地重复基础规则的教学可能会使其感到枯燥和无聊。对此，教师可以选择教授学生更为复杂的技巧，如突破、掩护、快攻等，或者介绍更为复杂的策略。这样不仅可以保持学生的兴趣，还可以帮助其提高运动水平。对于初学者，教师需要确保其掌握了基本的规则和技巧，这需要教师有足够的耐心，使用各种教学方法，如示范、模仿、反复练习等，来帮助学生掌握这些基本知识。同时，教师还应该鼓励学生多参与实践，因为只有通过实际的运动体验，学生才能真正地理解和应用所学的知识。

对于学生的体育心理，针对性原则强调教师要重点教会学生如何在比赛中调整心态，如何克服比赛中的压力，如何提高自我效能感等。例如，教师可以通过模拟高压比赛环境，如突然的比分逆转、队友的失误或对手的挑衅，来帮助学生体验和应对这些压力。在这种模拟环境中，学生可以学会如何保持冷静，如何调整策略，以及如何鼓励自己和队友。

对于学生的体育技能，针对性原则要求教师根据学生的技能水平进行个体化的指导。例如，对于已经具备了一定的技能基础的学生，过于机械和重复的训练可能会让其感到枯燥和失去兴趣。因此，教师应该给予其更多的自由和创意空间，引导其尝试新的技巧，或者创造一些新的动作。这样，不仅可以激发学生的兴趣和热情，还可以帮助学生进一步提高技能和增强自我效能感。对于技术较弱的学生，由于其缺乏足够的技能基础，可能会在执行某些技巧时感到困难。对此，教师应该给予这些学生更多的基础训练和指导，确保其能够掌握技能的基本要点。这可能需要进行一些重复和机械性的训练，但这是建立技能基础的必要过程。

对于学生的体育品德，针对性原则要求教师从日常生活和学习入手，强调公平竞技的重要性，培养学生的团队精神和合作意识，潜移默化地培养学生的体育品德，使学生将良好的道德品德内化于心、外化于行，同时教会学生如何在竞技场上展现出高尚的品德。

二、探究性原则

体育活动不仅仅是一种简单的身体锻炼，而是涉及深层次的技能、策略和心理机制的综合表现。基于探究性原则的教学，使学生不再是被动的信息接收者，而是变成主动的、有目的的学习者，从而更好地提高学生的体育素养。

首先，探究性原则鼓励学生通过实践、体验和探索来获取知识和技能。体育活动是充满变数的，场地的环境、学生身体的状况、对手的策略等都可能影响比赛的结果。通过真实的体验，学生可以更加深入地理解这些变数如何影响自身的表现，以及如何在各种不同的情境下作出最佳的决策。而这种深入的理解是传统的、基于课本的教学方法难以达到的。与此同时，通过实践、体验和探索，学生还可以学会如何在遇到困难和挑战时持续努力，如何从失败中汲取教训，如何调整策略以达到最佳效果，这些都是体育之外的生活中也极为重要的技能和品质。对于教师来说，探究性原则也提供了一个更加开放、灵活的教学思路。教师可以设计各种不同的实践活动，根据学生的具体情况和需要进行调整，确保每个学生都能从中获益。而且，通过观察学生在实际活动中的表现，教师也可以更加准确地评估学生的技能和知识水平，从而提供更有针对性的指导和反馈。

其次，基于探究性的教学也可以帮助学生培养批判性思维和创造性思维。在体育中，由于存在多种变数，学生必须经常面对新的挑战，这就要求他们要有能力进行快速决策、策略调整和应变的能力。正是这种不断探索和调整的过程，促使学生激发出批判性思维和创造性思维。批判性思维让学生不满足于表面的答案，而是深入挖掘问题的本质，识别可能的隐患，从而使学生能更加明确自己的策略选择。这种思维方式帮助学生对比和评估不同的方法，鼓励学生从各种角度看问题，而不是仅仅依赖于习惯或者是他人的指导。创造性思维鼓励学生突破常规，尝试新的方法来应对挑战。在体育领域中，创造性思维表现在采用非传统的打法、使用新的技巧，或者是为了达到更好的效果而调整团队策略等方面。这种鼓励创新的教学方式，可以使学生在面对困境时更加自信，因为他们知道有多种方法可以尝试，而不是被固定的模式所限制。

最后，探究性原则可以帮助学生建立起自主学习的习惯。探究性原则所倡导的是一种以学生为中心的教学模式，强调学生的主动参与和实践。在这种模式下，学生不再是被动的知识接受者，而是变成了主动的知识探索者。需要自己去搜索、试验、验证，从而真正掌握知识。自主学习不仅是知识的获取过程，更重要的是一种学习的态度和习惯的形成。它让学生明白，学习并不仅仅是为了应付考试或完成任务，而是为了自己的成长和进步。这种为了内在动机而学习的态度，会使学生更加珍视每一次的学习机会，更加投入和专注。此外，自主学习还有助于培养学生的自我管理能力。学生需要学会如何设定合理的学习目标，如何制订有效的学习计划，如何克服学习中的困难和挑战，如何评估和反思自己的学习效果。这些能力在学生的未来职业生涯中都是非常宝贵的。无论是面对工作中的任务，还是生活中的各种挑战，都需要有计划、有策略、有自制力去应对。

三、关联性原则

关联性原则强调，在体育教学中要确保学生所学的知识和技能能够与其现实生活、职业要求以及社会发展趋势相连接。只有这样，体育教学才能真正发挥其在学生生活中的实际意义，提高学生的体育素养，帮助学生更好地适应和应对未来的各种挑战。

关联性原则强调跨学科的融合，体育教学不是一个孤立的教学领域，而是与其他学科相辅相成，它们共同为学生提供更加全面和深入的学习体验。第一，体育与生物学的结合可以为学生提供一个深入理解人体结构和功能的机会。例如，当学生在学习篮球投篮技巧时，教师可以引入关于肌肉和骨骼如何协同工作的生物学知识，解释为什么正确的姿势和动作可以更好地发挥身体的潜力，同时预防运动带来的伤害。这种交叉学习不仅增强了学生的体育技能，还提高了他们对身体运作机制的理解。第二，体育与心理学的结合可以帮助学生更好地理解和管理自己的情感和心态。在体育比赛中，如何调整心态、如何应对压力和失败，以及如何提高自我效能感都是至关重要的。教师可以引入心理学的知识，帮助学生了解情感的产生机制，学会用科学的方法调整自己的心态，提高心理素质。第三，体育与社会学、历史学的结合，可以让学生了解体育在不同文化和历史背景下的发展，从而提升他们的文化素养。

四、发展性原则

发展性原则强调教师要注重学生的长远发展，培养学生的体育兴趣、习惯和价值观，让学生从体育中受益，为学生未来的生活和工作打下坚实的基础。

体育素养的形成不是短时间可以完成的，而是需要经过持续地培养和反复地锻炼。在高职教育的体育教学过程中，教师的角色是指导和激发学生，帮助他们看到体育锻炼的长期价值。这意味着教师要引导学生超越眼前的障碍，设定并追求长期的体育目标。而为了实现这些目标，教师需要为学生创造各种学习和锻炼的机会，确保他们有机会在多种情境下进行体育活动，无论是在校园还是在社区，无论是团体还是个人。教师要确保学生可以接触到各种体育资源，从而使他们在不同的环境中都能够得到锻炼，适应不同的挑战。这种多元化的实践经验不仅可以提高学生的技能水平，还可以帮助他们养成体育锻炼习惯，使体育成为他们生活中不可或缺的一部分。

随着新的体育项目、技术的涌现，关于体育素养的定义也在发生着变化。这种变化不仅仅体现在对运动的形式和内容的定义上，更深入人们对于运动和健康的基本认知中。新的运动项目如电子竞技、功能性训练等为人们提供了更加多元化的选择，也带来了新的训练方法和理论。而这些新的理论和方法要求高职体育教学进行相应的调整和更新。高职体育教学需要与时俱进，不断地对教学内容进行审视和调整。而这种更新并不仅仅是简单地增加新的项目或技巧，更重要的是要确保学生能够在这个不断变化的体育环境中，培养出强大的适应能力和持续学习的习惯。这需要教师具备开放的思维，愿意接受新的挑战，积极寻找最佳的教学策略。而且，这种更新必须围绕学生体育素养的培养进行。除了技能和知识的传授，还需要关注学生的体育情感、态度和价值观的塑造。教师不仅要培养学生的体育能力，更要帮助学生树立正确的体育观念，培养学生的体育兴趣，使学生热爱运动，从而为未来的生活、学习和工作打下坚实的基础。

第二节　高职体育教学中培养学生体育素养的途径

一、高职体育教学中学生体育素养的线上培养途径

（一）搭建互联网数字化学习平台

在互联网时代，高职体育教学要跟上时代发展的步伐，充分利用互联网技术优势，致力于学生体育素养的提升。除了提供常规的体育教学，学校需要构建一个数字化学习平台来满足学生的新需求。这一平台应以"体育知识学习、体育技能学习"为指导思想，保证内容的质量和专业

性。为了激发学生的兴趣，该平台应重点培养学生的运动热情并提供深入的体育知识。在设计上，为了让学生感到舒适并愿意在平台上学习，简洁实用的界面是关键。这就要求平台整合多种功能，如用户管理、微课教学、赛事指南、场馆查询和在线交流等，如图4-1所示，确保能够一站式满足学生的体育学习需求。同时，该平台要提供实时的互动和信息查询功能，确保学生不仅能够在线上学习体育知识，还能够及时参与实践，实现体育教育的终身化目标。

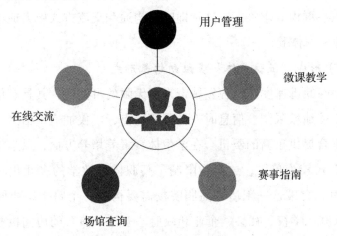

图4-1 高职体育教学数字化学习平台的功能

数字化学习平台为学生提供了前所未有的、便捷的体育学习途径。第一，学生可以轻松登录该平台的用户管理功能界面，拥有完全私人化的学习空间。在这里，学生可以轻松地浏览、观看微课或下载与体育相关的视频教程，这种方式使得体育知识和技术学习变得更为自主和灵活。为了保证内容的新颖，网站的管理人员也都保持着高度的敏感性，及时更新微课的教学资源，确保学生始终能接触到最前沿的体育教学方法和知识。第二，赛事指南板块如同一个电子公告板，能及时发布学校的赛事信息和重大比赛的相关内容。这样，学生不仅可以在第一时间了解最新的体育赛事动态，还能通过网络进行报名，做到"零距离"的体育赛事参与。这不仅方便了学生，更为学生提供了一个展示和增强体育技能的平台。第三，场馆查询功能进一步拓展了这一数字化学习平台的实用性。学生可以轻松查看各个体育场馆的状态和档期，从而实现线上预约，节省了大量等待和排队的时间，提高了运动效率。第四，在线交流功能的设计也别具一格，教师根据不同的运动项目建立了各种交流群。学生可以轻松申请加入，与同班同学或是有共同兴趣的同学一起交流比赛心得、比赛策略，甚至约定比赛时间和地点。对于某些技术性的疑问，学生也可以在群内寻求答案，这种即时的沟通和交流方式极大地丰富了学生的体育学习体验。

（二）形成"五位一体"多组织培养形式

互联网的迅速发展为各领域带来了无限的可能性，其具有信息无线畅通、不受地域限制、信息时效性强等特点，不仅加速了信息传播，还为资源整合提供了新的契机。在学生体育素养培养方面，以学校为主导的组织形式较为单一，这无疑限制了高职体育教学的多元化和深入化发展。为了突破这一困境，高职院校需要构建一个跨组织协同的新模型——家庭、学校、社会、企业和政府"五位一体"的协同机制。在互联网平台的技术支持下，家庭、学校、社会、企业和政府各组织之间可以通过网络平台建立多方面的互动联系，这种集成方式充分利用了数字技术，实现了多方面的实时互动和协同工作。家庭是孩子成长的第一所学校，父母可以为孩子提供初步的体育知识和引导，培养其体育兴趣。学校作为传统的体育教育场所，可以提供专业指导和训练资源。社会和企业可以提供更加丰富的体育实践平台和资金支持，如举办社区体育赛事或企业赞助的体育活动。政府在整个协同机制中起监管和政策支持作用，确保体育教育的质量和普及度。当这"五位一体"的多组织联动真正形成闭环，可以预见，学生体育素养将得到前所未有的提升，从而真正实现体育教育的现代化和多元化。

与此同时，网络社交正逐渐改变人们的互动方式和组织结构。在体育领域，这种变化特别明显。随着技术的进步，人们不再仅仅通过现实中的场所或活动建立体育社交关系。借助 QQ 群、微信群等线上平台，体育爱好者可以聚集在一起，围绕共同的兴趣和目标交流。而体育项目本身，如篮球、羽毛球或跑步等，成为连接彼此的纽带。

（三）拓宽培养渠道，发挥学生主观能动性

传统的教学方式是有边界的、封闭式的，学生大多数时间都被局限在操场或教室中，学习的时机主要集中在固定的体育课和课后活动。在这种模式下，学生的学习资源和与他人互动的机会都受到了一定的限制。进入"互联网+"时代后，学生的学习模式发生了翻天覆地的变化。学习者不再受时间和地点的限制，可以在任何地方、任何时候进行学习，打破了传统的学习边界。而且，师生关系也变得更为平等和开放，双方的互动不再局限于课堂。微信公众号、微课、翻转课堂、学习空间和云课堂等新型的学习工具和方式，也都为学生提供了更为丰富和多样的学习资源。这些平台将原本分散的资源进行了有效整合，让学生能够轻松获取和分享知识。

在"互联网+"时代，翻转课堂成为学生课前学习的亮点。传统的课堂教学模式往往是老师讲授，学生听课。但翻转课堂则将这种模式彻底颠覆。在翻转课堂中，学生通过老师预先提供的音频、视频等电子材料进行课前自主学习，而真正的课堂时间则用于深入答疑、进行重点内容讲解，以及互动体验。这种学习形式的推广，更大程度地激发了学生的学习兴趣和主观能动性。学生可以根据自己的进度和时间，充分利用碎片化的时间来学习，不再受制于固定的课堂时间。如果在学习过程中遇到问题，学生可以通过留言、评论等方式及时将疑问告诉老师。而老师则可以利用互联网后台程序，将学生的问题进行归类和总结，有针对性地进行课上答疑。

在互联网时代强调学生在学习中的主体地位。互联网技术为学生提供了更为丰富和个性化的学习资源与方法，学生不再受限于传统的课堂教学，而是可以选择自己的学习路径。众多的在线学习平台和服务机构为学生提供了广泛的选择。学生可以根据自己的喜好，选择不同的运动项目，然后通过搜索，在线上找到专业、合适的教师进行学习。这种方式不仅打破了地域和时间的限制，还使学生能够根据自己的节奏和需求进行学习。如果学生觉得某一教师的教学方法或内容与自己的需求不符，还可以更换教师。这种在线预约教师的模式为学生和教师提供了一个直接的互动平台。学生可以根据自己的时间安排，与教师约定线下的学习时间，这样就避免了因为时间或地点问题导致的学习障碍。学习结束后，学生还可以对教师的教学进行评价。这种评价机制不仅帮助其他学生选到合适的教师，也为体育服务机构提供了宝贵的反馈。根据学生的评价，高职院校可以对教师进行考核，对表现不佳的教师提供再培训的机会，从而提高整体的教学质量。

（四）发挥社会环境优势，开发高职院校体育 App

全民健身和健康中国战略的推进，不仅提高了人们对体育锻炼的重视程度，还加强了整个国家对于体育文化的培育。在此背景下，互联网作为新时代高效的信息传递工具，对体育产业产生了深远影响。随处可见的体育资讯网站、赛事直播以及实时更新的健身教程，不仅方便了群众获取信息，更丰富了群众的体育生活。为此，高职院校有必要充分利用互联网技术，开发专属的体育 App。高职院校体育 App 软件综合了多种实用功能，如体育选修课查询、信息公告、赛事指南、我要运动、场馆预订、资源共享，如图 4-2 所示，旨在为学生提供一个全面、便捷的体育服务平台。

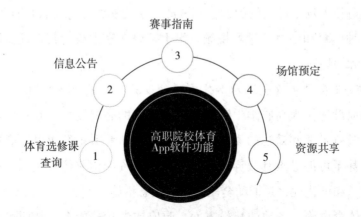

图 4-2　高职院校体育 App 软件功能

1. 体育选修课查询功能解决了高职学生对于体育课程选择的疑虑，让他们可以轻松获取公共体育课程的相关信息。通过学分认证系统，学生的学习进度和参与度得到了有效的保障，同时激发了他们的学习积极性。而与体育教师的沟通渠道则为学生提供了一个与教师直接交流的平台，无论是调课通知还是课程建议，学生都可以及时知晓并反馈。此外，给那些对其他体育项目感兴趣的学生提供旁听机会也是该软件的亮点，其可以让学生有更多的机会接触和体验不同的体育项目。2. 信息公告功能保证了学生能够及时获得学校的体育新闻、赛事活动和与体育相关的知识讲座等信息。通过这些信息，学生不仅可以了解学校体育的最新动态，还可以进一步加深对体育和健康知识的了解。3. 赛事指南功能为学生提供了一个便捷的报名通道，学生可以根据自己的兴趣和时间选择要参与的赛事，这极大地提高了学生的参与度。同时，体育社团管理功能则为学生提供了一个参与体育社团的机会，通过这个平台，学生可以更好地与其他社团成员交流，共同努力，为校园体育文化的建设作出贡献。4. 场馆预订功能满足了学生在体育锻炼时的场地需求。学生可以根据自己的时间和需求提前预订场地，这不仅为学生提供了更多的锻炼机会，还有效避免了场地冲突的问题。5.资源共享功能将体育与教育有机结合，通过各种体育和健身的学习视频，学生可以在家中或者其他地方随时进行学习和锻炼。

（五）"众筹＋众包"增加体育场馆设施，延长开放时间

场地设施作为高职学生锻炼和追求健康的必要场所，其重要性不言而喻。没有足够和适当的设施，高职学生的体育锻炼欲望可能会被大大抑制，甚至可能导致其放弃锻炼。因此，投资和优化体育场馆设施，确保其质量和可达性，是推动全民健身的核心措施。

在体育设施、场地的建设方面，政府或者学校的有关部门可以利用互联网平台，通过众筹＋众包的方进行学校体育设施场地的建设。众筹是指项目发起人或组织将自己的项目或想法发布到众筹平台上，通过广大网民的支持和资金投入来实现项目的启动和运营。政府和学校通过发起众筹，可以让社会各方都为学校体育的发展贡献自己的力量，通过优化投融资引导政策，建立专项投资基金和政府购买服务等多种方式，可以进一步鼓励社会力量投资建设体育场地设施，共同助力学生体育的发展。众包是指一个公司或机构把过去由员工执行的工作任务，以自由自愿的形式外包给非特定的（而且通常是大型的）大众志愿者的做法。高职学生对体育的需求是多样化的，不同的学生可能对不同的体育项目有着浓厚的兴趣。体育部门可以通过互联网平台进行需求调研，真正了解学生的想法和需求。这样不仅可以为学生提供其需要的体育设施和场地，还可以提高学生对体育的兴趣和参与度。

在场地设施管理和运营方面，学校和企业可以运用互联网技术进行广告宣传，营造良好的体育氛围。首先，学校应当尽量开放体育场馆，为学生提供更多的运动空间，特别是在高峰时段，如课间和周末。此外，为了满足学生的体育需求，学校还应当考虑延长体育场地的开放时间，使其真正成为学生日常生活的一部分。其次，为了更好地运营这些场地，企业可以采取各种策略和措施，举办各种优惠活动。例如，可以为首次预订的用户提供免费体验，或在特定的节假日推出半价优惠等，在吸引新用户的同时，还能刺激老用户的消费意愿。再次，学生可以轻松地通过网站或手机 App 进行场地预订。这种方式不仅方便了学生，也提高了企业的运营效率。此外，用户评价系统不仅为其他用户提供了参考，还为企业提供了宝贵的反馈，帮助其不断完善服务，真正实现以用户为中心的运营模式。

（六）注重培养教师互联网教学思维，创建多元化师资库

为了适应现代社会的发展趋势，高职院校应着重培养体育教师的互联网思维，帮助教师熟练掌握相关网络技术，树立适应数字时代的先进教学观念。定期的互联网思维培训可以帮助教师更好地理解和运用数字工具，从而更高效地开展教学工作。高职院校应深化师资队伍的建设，引入多学科交叉的教育模式，促进理论与实践相结合，形成一个多元化的师资体系。在这样的背景下，体育教师不仅要能够灵活运用互联网思维进行教学，还需要适应多种教学组织形式的变革，从传统的单一教学模式转变为多元或混合的教学模式，更好地满足现代教育的需求。

高职院校可以利用互联网平台构建多样化的体育师资库，师资库不只是包括学校内部的教师，更拓展至校外、跨学校、跨区域，甚至跨国界的范围。校外的其他院校老师、优秀教练员、退役运动员、社会体育指导员、企业和政府的体育工作者都可以成为这个平台的重要组成部分。这样的构想实际上大大拓宽了学生选择教师的范围，增加了学习资源的多样性，为学生提供了更加丰富的学习体验。

二、高职体育教学中学生体育素养的线下培养途径

高职学生体育素养的培养不仅是学校的责任，更需要多方合力参与。学生作为主体，其自觉性和积极性直接影响着体育素养的培养效果；家庭作为基本的学习单位，能为学生提供初步的体育认知与引导；学校作为推动力量，需要制定教育方案并提供资源和设施；社区与新媒体为

学生提供更广阔的锻炼平台和学习资源。综合运用各方面的优势，形成一个互补合作的培养体系，确保高职学生的体育素养得到全面、持续地提高。

（一）充分发挥主观能动性，坚持体育锻炼

在高职体育教学中，学生的体育素养的培养并不仅仅依赖于外部环境和教育方式，学生自身也需要付出相应的努力。从学生的个人角度看，其应该充分发挥自己的主观能动性，进而提高自己的体育素养。

第一，高职学生要树立正确的体育观念。高职学生应该明确认识到体育锻炼不是为了学校的体育课程或考试，而是关系到自己一生的健康和生活质量。健康是生命的基石，而体育锻炼是保持和提高健康的重要手段。学生需要时刻提醒自己，坚持体育锻炼，无论短期还是长期，都会带给自己无尽的益处。第二，高职学生应该根据自己的兴趣和身体状况，选择适合自己的体育项目。不同的人有不同的兴趣和特长，选择自己喜欢的运动项目可以更加持久和热情地坚持下去。同时，学生还应该定期进行体质测试，了解自己的身体状况，以便进行有针对性的锻炼。第三，高职学生应该学会制订合理的锻炼计划，并严格执行。一个明确、可行的锻炼计划可以帮助学生更系统、有针对性地进行锻炼，避免盲目、无目的地锻炼。同时，学生应该了解一些基本的运动生理知识和训练原则，以便更科学、更有效地进行锻炼。第四，高职学生应该培养自己的锻炼习惯。习惯培养起来不易，但一旦形成，会对人的行为产生深远的影响。学生可以在固定的时间进行固定的运动项目，逐渐将锻炼变成自己生活的一部分。另外，学生应该充分利用学校提供的体育资源，如体育场馆、器材等进行体育锻炼。学校是学生体育锻炼的主要场所，为学生提供了丰富的资源和条件，学生应该珍惜这些资源，对其进行充分利用。

（二）丰富家庭体育生活，营造体育文化氛围

一个充满体育文化氛围的家庭不仅能为孩子的健康成长创造良好的

条件，还能塑造孩子对体育的态度和价值观。家庭在培养孩子的体育素养上所发挥的作用是无法替代的。在一个经常进行体育活动、重视健康生活方式的家庭中长大的孩子，与在一个忽视体育锻炼、沉浸在电子屏幕前的家庭中长大的孩子，他们对体育的态度和兴趣往往会有天壤之别。这不仅仅是因为家庭给予了孩子更多的体育锻炼机会，更重要的是，家庭为孩子营造了良好的体育文化氛围。

首先，父母自己要养成体育锻炼的习惯，给孩子传递出锻炼的重要性。父母的榜样作用是无法估量的。只有其父母投入体育锻炼中，才能鼓励孩子克服种种困难，坚持体育锻炼。当孩子看到父母每天都坚持锻炼，自然会明白锻炼是生活中不可或缺的一部分，而不是偶尔的娱乐活动。其次，家长要积极地监督和鼓励孩子在家中进行体育锻炼，为孩子设定固定的锻炼时间，制订合理的锻炼计划，并确保孩子按计划进行。最后，为了增强家庭的凝聚力和孩子的体育兴趣，父母可以在周末或节假日带孩子参与各种户外活动，如爬山、野炊、徒步旅行等，在锻炼学生身体的同时，加深家庭成员之间的情感联系，营造健康、和谐、充满活力的家庭氛围。

（三）发挥学校体育牵引作用，打造校园体育文化

学校在高职学生体育素养培养中具有牵引的作用。高职院校应将资源整合起来，成立专门的学生体育素养培养小组，以便集中力量进行统筹，同时为学生量身打造符合学生需求的体育教学方案，从而真正做到因材施教，因地制宜。另外，只有学生真正爱上体育，才能从内心去珍惜和享受每一次的锻炼。为了让体育成为学生生活中的一部分，高职院校应当多开展各类体育赛事和体育文化活动，丰富校园的文化生活，激发学生对体育的兴趣和热情，培养学生的团队合作精神和竞技能力。当体育赛事和文化活动成为校园生活的常态，一个积极向上、充满活力的体育文化氛围便自然形成，进而对学生体育素养的培养起到积极的推动作用。

1. 借助学生体质健康标准，强化学生健康意识

《国家学生体质健康标准》（以下简称"标准"）是国家学校教育工作的基础性指导文件和教育质量基本标准，它不只是衡量学生体质的一种方式，更是一种教育思维和健康观念的传递。身体是革命的本钱，一个健康的体魄是学生未来追求梦想的基石。标准从身体形态、身体机能到身体素质等方面全面评估学生的体质健康水平，旨在提供一个完整、科学、客观的健康参考框架，确保学生在健康成长的过程中得到全方位的关照。该标准还重点强化了其在教育中的激励作用，通过反馈和调整，确保学生能够明确自己在体育锻炼中的目标和方向。此举不仅可以帮助学生更加明确自己的身体状况，还能激发他们对体育锻炼的热情和兴趣，真正实现了教育与健康的完美结合。对于高职院校来说，学校可以结合这一标准，有针对性地为学生提供体育活动和锻炼的机会，这不仅能确保学生的体质得到有效提高，还能为学生创造一个积极、健康、充满活力的校园环境。

2. 积极举办各类体育竞赛，提高学生身体素质

体育竞赛不同于日常的体育锻炼，其对学生生理上的挑战与刺激远超过普通的体育活动。面对竞赛的压力，学生需要鼓足勇气，发挥出自己的最大潜能，从而使身体得到全面的锻炼，尤其是心肺功能、肌肉爆发力、耐力、柔韧性和动作协调性。在这一过程中，学生的身体形态得到明显的改善，身体对外部环境的适应能力也得到了增强。高职院校作为培养学生综合素质的重要阵地，其对体育竞赛的重视与投入直接影响学生的身心健康和个性发展。为了鼓励更多的学生参与到体育竞赛中来，高职院校应当更加灵活和开放地组织各类体育竞赛，使其既有一定的挑战性，又不会让学生觉得门槛太高。通过设定各种奖励措施，如按参与人数的一定比例实施奖励，可以进一步激发学生的参与热情。高职院校应该关注女性学生的特殊需求和意愿，确保体育竞赛的项目设置能够平衡男女之间的差异，使得所有学生都有公平的机会参与竞赛。具备体育

特长的学生是学校体育竞赛的核心力量，他们不仅能够为学校争取荣誉，还能够通过自己的行动和影响力，带动其他学生参与到体育活动中，从而形成一种"竞赛参与—竞赛体验—技能提高—素质拓展"的良性循环。

（四）依托校企合作创新高职体育教学模式

校企合作作为高职院校的重要教学形式，也是培养学生职业技能最为有效的教育途径，随着企业和学校之间合作的不断加深，体育教学的形式也有了更多的发展方向，对此，教师要明确校企合作过程中体育教学的改革方向，对传统高职体育教学形式进行创新。例如，国家在《关于加强健康促进与教育的指导意见》中明确提到，在机关和企事业单位中要做好体育和卫生设施建设，并开展与单位特点相符的健身竞赛活动。由此可见国家对企业体育工作的重视。而在具体实施中，需要学校和企业合作，共同促进这一政策的落地。学校方面可以向企业派驻专业的体育教师指导员工进行体育锻炼，或者由学校向企业聘请具有体育执教资格的资深员工担任校外体育教师，打造双师型的教师队伍，确保企业和学校内均有专业化的体育师资。而在这种形式的体育教学中，学生的学习并不仅仅是为了提高某一项体育技能，而是在自己的兴趣主导下选择自己喜欢的体育活动，教学考核也不以测试为准，而是借助互联网技术记录学生的锻炼情况，在学期末满足既定的指标则记为合格。借助校企合作这一高职教育常见的教育形式，对传统的体育教学进行改革，可以使企业在体育教学中的参与感不断提升，高职体育教学的职业性得到强化，同时考核方式的变革也使学生以更加放松的心态参加体育锻炼，从而确保了学生体育素养的提升。

（五）努力建设社区体育文化，发挥媒体宣传效应

社区为学生提供了一个在校园之外锻炼的场所，其在学生的体育锻炼中扮演着至关重要的角色。当今时代，大多数社区都与学生家庭相邻，这为学生和家长提供了便利的锻炼条件。因此，加强社区体育设施的建设显得尤为重要，其不仅能满足学生的日常锻炼需求，还能鼓励更多的家长参与体育锻炼，形成家长与学生共同锻炼的良好氛围。此外，新媒体作为现代最主要的信息传播渠道，为学生提供了丰富的体育知识和技能学习资源。学生可以利用碎片化的时间，通过手机、平板等设备，随时随地学习体育知识，提高自己的体育技能。随着新媒体的不断发展，未来学生获取体育资讯的方式将更加多样，这将为学生的体育锻炼和学习提供更广阔的空间。

三、高职体育教学中学生体育素养线上线下结合培养策略

体育素养的提升并非一日之功，并且在高职教育中留给体育教学的课时较少，因此在高职体育教学中，相较于在有限的时间内培养学生的体育技能，更加重要的是帮助学生养成终身体育的意识，在思想上转变对体育锻炼的态度。对此，教师在体育课堂上要注重教学方法的使用，在以往传统的高职体育教学中，刻板的教学方法和单一的教学形式在很大程度上制约着学生的学习兴趣，而在互联网时代，学生对互联网技术的使用积极性较高，因此教师可以借助线上线下混合教学的形式，在传统高职体育课堂上进行创新。例如，在篮球运动的教学中，教师在线下教学时先对投篮、运球等基础动作进行教学，而在课堂教学结束之后，教师再为学生提供线上教学视频，主要分析他们的投篮和运球动作，并鼓励学生在课后根据视频里的讲解和指导进行练习，借助学生感兴趣的事物去提高体育教学的趣味性。除此之外，教师还要善于利用教学评价，以赏识鼓励的形式对学生的练习成果进行评价，不断提高学生的体育自我效能感，以此巩固学生对体育活动的参与兴趣，维持学生对体育课堂的参与热情，并为培养学生的体育锻炼习惯打下基础。

为了实现线上线下的有效结合，需要加强学校、教师、学生和家长之间的沟通和合作。学校需要为教师提供必要的技术支持和培训，确保教师能够熟练地使用线上平台和工具。教师和学生需要互相信任和尊重，共同努力实现教学目标。家长也需要了解和支持线上线下相结合的培养

方式，与学校和教师合作，确保学生的学习效果和安全，为学生体育素养的提升保驾护航。

第三节　高职学生体育素养评价体系的构建

一、高职学生体育素养评价体系的功能

高职学生体育素养评价体系是高职体育教学评价体系中的重要组成部分，其主要具有以下几点功能，如图4-3所示。

图4-3　高职学生体育素养评价体系的功能

（一）导向功能

高职学生体育素养评价体系具有明确的导向功能，这种导向功能为整个体育教学提供了明确的方向和目标。高职学生体育素养评价体系的导向功能主要体现在以下几方面。第一，对学生的学习动机的激发。众所周知，评价往往与奖惩相结合。通过明确的评价标准，学生能清楚地知道自己应该达到的目标是什么，这样可以更加有针对性地进行学习和

训练。而当学生达到或超过这些标准时，其所获得的正向反馈会进一步加强他们的学习动机。第二，对教学内容和方法的指导。评价体系通常是基于某种教育理念或目标而制定的，它体现了教育者对于什么是"好"的体育素养的认识。因此，当教师在进行教学设计时，会参考评价体系，确保自己的教学内容和方法与之相一致。这不仅可以确保教学的质量，还可以使学生在学习过程中获得更加系统和全面的知识和技能。第三，对学校体育教育政策和计划的指导。学校在制定体育教育的政策和计划时，会参考评价体系，确保其与评价体系的目标和要求相一致。这样可以确保学校的体育教育工作始终沿着正确的方向前进，不会偏离目标。第四，对学生的自主学习和自我评价的引导。在清晰的评价体系指导下，学生不仅能知道自己应该达到的标准，还可以根据标准自己制订学习计划。学生可以根据评价体系进行自我评价，了解自己的长处和短处，从而进行有针对性的改进。

（二）激励功能

高职学生体育素养评价体系不仅是一个衡量和评估学生体育能力的标准，还具备激励功能。这种激励功能对学生的学习和锻炼有着至关重要的推动作用，能够激发学生对体育的热情。

首先，通过体育素养评价体系，学生能够明确知道自己的体育水平。评价体系所设定的各种标准和层次使得学生可以清楚地认识自己的长处与不足，从而为自己制订更为合理的锻炼计划。而当学生逐步接近或达成这些计划时，其心中所产生的成就感和满足感，便是最直接的激励。对于那些在体育上有所欠缺的学生来说，评价体系同样起到了鞭策和激励的作用。当这些学生知道自己的短板在哪里，哪些地方需要改进，他们便可以更有针对性地进行练习和锻炼。同时，体育评价体系中的积分、等级等设定，为学生提供了明确的目标，鼓励他们不断挑战自己，超越自己。其次，对学生集体合作和团队精神的培养。在高职院校中，团队协作是一种非常重要的能力。体育课程和评价体系鼓励学生进行团队运动，如篮球、足球等，这不仅能锻炼学生的身体素质，更能培养他们的团队精神和协作能力。当学生为了团队的胜利而努力，并且体验到与团队成员共同合作的乐趣时，评价体系中的团队评价和奖励机制会进一步加强学生的合作意识，使他们更加珍视团队的力量。最后，促进学生养成体育锻炼的习惯。一旦学生体验到了锻炼带来的益处，他们便会更加珍视体育锻炼这一习惯。评价体系作为一个外部激励，强化了这一动力，使学生更加主动地参与到体育活动中。

（三）诊断功能

高职学生体育素养评价体系可以及时发现学生在体育锻炼中的问题与不足，从而为后续的教育教学提供指导和建议，确保学生能够持续不断地提高体育素养。

首先，诊断功能可以帮助教师了解学生的体育基础和实际水平。高职学生有着不同的文化背景和教育经历，其体育锻炼经验和基础也千差万别。有的学生可能从小就热爱体育，有着扎实的体育基础，有的学生由于种种原因缺乏足够的体育锻炼。通过体育素养评价体系的诊断，教育者可以更为准确地了解学生的实际情况，从而为每位学生提供更为针对性的指导和帮助。其次，评价体系的诊断功能可以帮助教师发现学生在体育锻炼中可能存在的风险和问题。体育锻炼并非简单地增加身体的运动量，还涉及很多关于运动技能、运动安全等方面的知识。不正确的锻炼方式可能会对学生的身体健康造成伤害。因此，评价体系可以及时地为教师提供反馈，帮助教师了解学生在锻炼中可能存在的风险，从而采取措施确保学生的运动安全。再次，诊断功能能够帮助学生自我认识。对于学生来说，其往往容易对自己的体育水平产生误解。有的学生可能过于自信，忽视了自己的不足；而有的学生可能过于自卑，对自己的能力缺乏信心。通过评价体系的诊断，学生可以更为客观地了解自己的实际水平，从而为自己制订更为合理的锻炼计划，也能够调整自己的和心态，确保自己能够在一个健康、积极的环境中进行体育锻炼。

（四）管理功能

高职学生体育素养评价体系不仅为教育者提供了一个清晰的框架来观察和衡量学生的体育表现，而且也为学生提供了有效的指导，使学生明确应该如何进行体育锻炼和提高自己的体育素养。

对于学校而言，评价体系可以帮助学校更好地管理体育资源和设施。基于评价体系的反馈，学校可以明确地知道哪些体育项目和设施受到学生的欢迎，哪些需要进一步改进和完善。这为学校提供了一个明确的方向，帮助学校有针对性地投入体育资源，确保学生能够在最佳的环境下进行体育锻炼。对于体育教师而言，评价体系的运行使得教师能够更加系统地管理学生的体育训练过程。教师可以依据评价体系中的各项指标，了解学生在哪些方面表现出色，在哪些方面还有待提高。这为教师提供了具体的参考，帮助他们制订出更为合适的训练方案和课程计划，确保学生能够全面而系统地提高自己的体育素养。对于学生而言，评价体系也为学生提供了一个清晰的自我管理工具。当学生明确地知道自己在体育锻炼中应该追求什么目标，就更容易为自己设定合适的锻炼计划，并对自己的进步进行持续的监控。这不仅有助于他们在学习过程中获得更多的动力和积极性，而且也使他们能够更为独立和自主地进行体育锻炼。

二、高职学生体育素养评价体系的构建原则

构建高职学生体育素养评价体系是一个综合性工程，需要遵循以下几个原则，如图 4-4 所示。

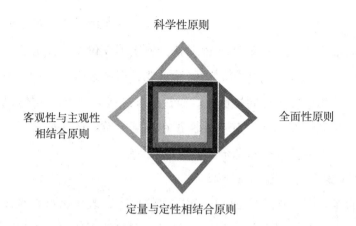

图4-4 高职学生体育素养评价体系的构建原则

（一）科学性原则

体育素养逐渐成为检测高职学生体育能力的重要指标。但要想确保体育素养评价真正发挥作用，其评价的科学性显得尤为关键。首先，体育素养评价体系的内容构建必须基于科学的研究和实践。换句话说，评价指标应当真实地反映学生的体育能力，而不是基于主观的或过时的观点。其次，使用的研究方法也应当遵循科学性原则。这不仅包括数据的收集和分析，还包括如何对不同性别、不同年级的学生进行差异化评价。最后，研究的理论基础也应当是科学的。评价体系的构建和应用都应当基于现代的体育学、教育学等相关领域的理论。因此，如何采用科学的评价方法，建立系统的评价体系，成为体育研究领域的一个重要课题。对于高职学生这一特定的群体来说，体育素养评价不仅可以帮助其更好地了解自己的体育能力，还可以为学校和教育部门提供有关教学方法和策略的重要反馈。因此，确保体育素养评价体系的科学性，无疑是这一研究领域的基石。

（二）全面性原则

随着统计学的进步，人们对评价体系的构建和完善提出了新的要求。在过去，体育素养可能只是被理解为某些运动技能或身体健康的指标。

但如今，随着人们健康意识的觉醒和提高，其对体育素养的定义和理解也随之扩展和深化。人们开始意识到，健康不仅仅指身体健康，其还是一个多维度的概念。身体的健康固然重要，但心理健康、情感体验、智力发展、道德修养等也同样重要。而在所有这些要素中，非体质的因素，如心理、情感、智力等，其重要性正在被越来越多的人所认识。对于高职体育教学来说，这是一个全新的挑战和机遇。

（三）定量与定性相结合原则

体育素养是一个多方面的、深层次的概念，既包括可以直接测量和量化的方面，如身体健康、运动能力等，也包括那些更为抽象、需要定性描述的方面，如学生的体育兴趣、情感态度、价值观念等。因此，构建一个有效的评价体系需要遵循定量与定性相结合原则，确保对学生体育素养的全面、深入了解。

定量评价是一种直观、客观的评价手段。通过数字和统计数据，教师可以更容易地比较、分析学生的体育素养状况，确定学生在某一方面的优势和不足。例如，通过定量测评，教师可以知道学生的身体素质如何，学生在某个特定的体育项目上的成绩如何，这有助于教师对学生的训练和指导进行有针对性的调整。但单纯的定量评价并不能涵盖体育素养的所有维度。如学生的体育兴趣、情感态度、团队合作精神等，很难通过数字来完全描述。这就需要定性评价加以补充。定性评价更注重对学生体育活动中的感受、体验和反思的深入挖掘，通过观察、访谈、写日志等方式，帮助教师了解学生在体育活动中的体验感受。结合定量与定性评价可以帮助体育教师更全面地了解学生的体育素养。定量评价为教师提供了一个宏观的视角，帮助教师快速、客观地了解学生的整体状况；而定性评价则为教师提供了一个微观的视角，帮助教师深入了解学生的内心世界。这种结合不仅能够更全面地评价学生的体育素养，也能够为教师提供更为具体和实用的教学建议。

（四）客观性与主观性相结合原则

在构建高职学生体育素养评价体系时，需要遵循客观性与主观性相结合的原则。这一原则为评价体系赋予了更高的灵活性和综合性，旨在更真实、更准确地反映学生的体育素养。这一原则在测评目标体系制定、手段方法选择、评判与解释结果这三个方面均有所体现。

测评目标是评价体系的核心。在制定目标时，应确保其既具有客观性又具有主观性。客观性要求教师基于事实和数据来确定评价的具体内容和标准。例如，对于身体健康的评价，可以参考学生的身高、体重、心率等具体数据。而主观性则强调评价目标的多元性和综合性，要充分考虑学生的心理、情感、社交等非体质因素。例如，团队合作、领导力、情绪管理等能力的评价往往涉及更为主观的判断和理解。

评价方法的选择是确保评价体系有效性的关键。客观性要求教师采用科学、统一的评价方法，如标准化测试、客观观察等，确保数据的可靠性和稳定性。而主观性则要求我们根据学生的特点和需要，选择更为灵活、综合的评价手段，如自我评价、同伴评价、教师观察等。这些方法不仅可以反映学生的主观体验和感受，还可以揭示他们在真实环境中的体育素养表现。

评价结果的评判与解释是评价体系的最后一环，也是非常关键的一环。客观性要求教师基于事实和数据，对学生的表现进行准确、公正的评价。例如，一个学生在长跑中的表现可以根据其成绩直接判断。而主观性则强调对评价结果的深入解读和分析，充分考虑学生的背景、经验、情境等因素。例如，一个学生在球类运动中的表现可能会受其心态、团队合作、对手策略等多种因素的影响。

三、高职学生体育素养评价体系的构建路径

（一）评价目标：全面指向体育素养

体质水平的评价目标主要是对学生的身体健康状况和体能水平进行

综合评估，旨在确保学生运动能力达标，并具备良好的生活习惯和身体适应能力。通过这种评价，体育教师能够更好地了解学生的身体健康状况，并采取相应的教育和训练措施，以促进学生的身体健康发展，为学生体育素养的提升奠定基础。

体育意识的评价目标主要是评估学生对体育的态度、兴趣和价值观念，包括学生是否认识到体育锻炼对身体和心理健康的重要性，是否积极参与体育活动，以及在日常生活中是否能将体育知识和技能应用于实践，如健康的生活方式选择和应对身体挑战的能力。此评价旨在培养学生的健康观念、培养学生体育锻炼的习惯。

体育知识的评价目标主要是评估学生对体育理论、运动规则、健康原理等相关体育知识的理解和掌握程度。这就要求学生不仅要知道如何进行体育活动，还要理解为什么这样做以及这样做的好处。评价的核心是确保学生具备足够的知识基础，能够在日常生活中做出有益于身体健康的决策，并正确、安全地参与各种体育活动。

体育心理的评价目标主要是衡量学生在体育活动中的心理素质，如学生的自信、决心、毅力以及应对挑战和压力的能力。评价内容主要涉及学生在面对运动中的困难和失败时是否能保持积极态度，是否具备团队合作精神，以及是否能够通过运动来调节情绪和减轻压力。这样的评价旨在培养学生的心理韧性，使其不仅在体育场上，在日常生活和未来的工作中都能展现出良好的心理应对能力。

体育技能的评价目标主要是评估学生的基础技能和专项运动技能的掌握程度。主要包括学生是否能够准确、流畅和有效地执行各种体育动作或技巧，以及他们在实际运动中的应用能力。该评价旨在确保学生能够在各种体育活动中展现出良好的动作技巧和协调性，从而更加安全、高效地参与运动，同时提高学生的体育表现和运动体验。

体育品德评价目标主要是突破课堂评价的限制，既要对学生在体育课堂上的品德表现进行观察评价，又要以非正式评价考查学生是否能在日常生活中展现体育品德。

（二）评价方法：开发新型工具，采用多元手段

高职体育教学应该大力开发体育素养评价工具，从而提高评价的深度与广度、效率与效果。

1. 工具开发者应来自社会的不同群体

工具开发者应广泛地来自社会的各个群体，包括一线体育教师、体育教学研究者以及其他学科领域的专家等，以确保所开发的工具既实用又具有普适性。首先，一线体育教师在日常教学中积累了大量的实践经验，能深入了解学生的需要和评价的需求，一线体育教师可以通过教学反思，结合自己的实际经验，创新性地开发评价量表、简易器械等实用工具，这些工具既贴近实际又容易操作，对于提高教学效果具有实际意义。其次，体育教学研究者可以从理论层面出发，结合我国的实际情况，开发适合不同人群、不同地区的体育素养测评工具。这些工具更加系统、全面，可以为教学提供强有力的理论支撑。最后，在信息化、数字化的时代，跨学科研究成为一个不可忽视的趋势。计算机和人工智能领域的专家技术水平较高，可以开发信息化、可视化和网络化的评价工具，这些工具不仅可以打破线上体育课程的评价困境，还可以为家庭体育作业提供强大的技术保障。这样的跨学科合作，可以确保其所开发的评价工具既有深度又有广度，能够更好地服务于教学实践，推动我国体育教育的持续发展。

2. 新型评价工具的类型应多元化

在高职学生体育素养评价中，新型评价工具的类型应该多元化，以更好地满足评价体系的需求。例如，对于体育技能的评价，简单的笔试或口试往往不能真实、准确地反映出学生的实际体育技能水平。这就需要评价工具具有大数据和可视化的特色。通过视频监控技术对学生进行实时动作捕捉，教师可以得到大量真实的数据。这些数据可以通过可视化技术呈现出来，帮助教师对学生的技术动作水平进行更为准确的评估，并为学生提供有针对性的反馈，帮助学生更好地掌握相关技能。对于体育知识的评价，单一的书面测试无法全面考查学生的知识掌握程度。教学评一体的学习、答题软件则可以有效解决该问题。通过多媒体设备，学生可以在互动的过程中学习相关知识，并在同一平台上进行测试，这样不仅可以测试学生的理论知识，还可以测试学生的实际应用能力。对于体育品德的评价，更多地涉及学生的内在道德素养和价值观。这就需要开发出基于情境的文本测试工具，让学生在特定的情境中作出判断和选择。

3. 新型评价工具开发应与体育教师培训对接

新型评价工具开发与体育教师培训的对接是现代教育改革的必然趋势，因为在日常教学中，教师能直接应用这些工具，并能通过这些工具更好地评估学生的学习成果。将评价工具使用能力纳入体育教师的专业发展，是对教师专业素质的完善和提高。

评价作为测量工具，可以帮助教师更加精确、全面地了解学生学习情况，从而为学生提供更为个性化的教学支持。例如，通过现代化的技术手段，体育教师可以实时监测学生的运动状态，了解学生的体能状况和技术水平，有针对性地对其进行指导，这对于提高教学效果具有重要意义。但如果教师没有得到系统的培训，对于这些评价工具的使用可能会感到陌生甚至困惑。他们可能无法充分发挥评价工具的潜在价值，甚至可能出现误用的情况。因此，高职院校应该重视对体育教师在评价工具使用上的培训，确保体育教师能够熟练、准确地应用这些工具。对于评价工具的开发者来说，与教师进行深度的沟通和合作，了解教师的实际需求和使用场景，对于评价工具的设计和完善也是非常有益的。因此，评价工具的开发与体育教师培训的对接，是推动体育教育持续改革、提高教学质量、培养高素质体育教师的重要手段。

4. 采用多元化评价手段

采用多元化评价手段不仅可以更准确地反映学生的体育素养水平，

还可以激发学生的学习热情，培养学生的自我评价和自主学习能力。这需要体育教师摒弃单一的评价方法，转而使用多种评价方式，从不同角度去了解和评价学生的体育素养。

首先，评价学生的体育素养时，不能仅仅关注结果，更应该重视过程。每个学生的体育天赋和基础都有所不同，简单地以绝对的标准来评价学生可能对某些学生来说并不公平。为此，采用"预评估—过程性评估—总结性评估"的评价手段，通过测评学生在学习前、学习中和学习后的水平，可以更为真实地反映学生的进步程度。这种评价方式强调学生的自我比较，让学生看到自己的进步，从而增强他们的自信和学习积极性。其次，评价的最终目的并非给学生一个成绩，而是为了提供有价值的反馈，指导学生的学习。因此，教师需要结合定量和定性的评价方法。定量评价为学生提供一个相对明确的标准，让学生知道自己的水平如何；而定性评价则能够为学生提供更具体的、更有针对性的建议，帮助学生更好地学习。最后，除了正式的评价方式，教师还应该注意日常的非正式评价，如口头评价等。这些评价方式简单易行，能够及时为学生提供反馈，让学生了解自己的不足，从而调整学习策略，激发学生的内在学习动力。

（三）评价标准：力求一体化、情境化、等级化

首先，在组织形式方面力求一体化。基于已有的课程标准，有必要拟定"年级水平成果"的相关文件。这些文件不仅起到对课程标准的进一步解读作用，而且具有明确的指导意义。为了拟定这样的文件，学校体育领域的专家、教研员和一线教师应共同参与。多方参与确保了文件的内容既有理论深度，又贴近实际。在宏观层面，地方部门应对以上文件进行具体化和在地性的调整。每个地区都有其独特的文化、传统和体育活动。例如，某些地区可能重视民族传统运动，而其他地区则可能对新兴体育运动产生浓厚兴趣。这种调整不仅能确保评价体系与当地实际情况相适应，还可以促进各地区之间的交流和共享，形成一种共同的、

但又具有地方特色的评价标准。在微观层面，学校与教师应在地方各部门的指导下，根据学生的具体水平、兴趣和爱好，对评价标准进行进一步的修改和细化，确保评价标准不仅与大的教育目标相一致，而且能够反映学生的实际情况和需求。

其次，以样本评价标准的形式向使用者展示如何使用情境化标准评价学生表现。面对一个特定的体育活动或问题，如发生运动损伤后，评价的重点并不是学生的技能或知识，而是学生在这种特定情境下如何运用所学知识和技能。在这种情境中，"处理损伤"和"同伴互助"就成为评价的主要内容。例如，学生在面对同伴受伤时，如何进行初步的处理？是否懂得为受伤的同伴提供必要的帮助和支持？这种情境化的评价，可以更真实地、准确地了解学生的体育素养水平。

最后，体育教师在实际教学评价中，可以参考一些知名高职院校已经制定好的体育素养评价等级量表。这种量表为教师提供了一个明确的评价框架，帮助其根据学生的实际学习情况，对上一级标准进行更细致的划分。例如，对于大一学生在篮球运动中的"防守滑步"技能，教师不仅要求学生能够完成这一动作，还要求学生能够按照一定的节奏、速度和连贯性来执行。评价等级可以细分为"发展""胜任"和"熟练"三个层次，每个层次都有明确的技能标准。这种细致的等级划分既可以帮助教师更准确地评价学生的技能水平，也可以为学生提供一个明确的学习目标和方向。

第五章 高职学生职业能力的构成要素、影响因素及功能定位

第一节 高职学生职业能力的构成要素

一、基本能力

对于高职学生来说，语言表达能力、情绪控制能力、人际交往能力、自主学习能力、组织管理能力、信息处理能力等都属于职业能力的基本能力，会对学生的未来职业和人生发展产生深远影响。基本能力的构成要素如下图 5-1 所示。

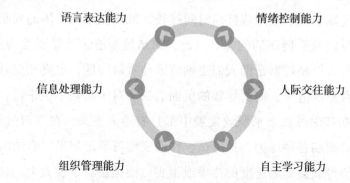

图 5-1 高职学生职业能力中基本能力的构成要素

（一）语言表达能力

语言表达能力是指在口头语言及书面语言中运用字、词、句、段的能力。这一能力是人类社交、学习和工作中的基础能力，且在人的一生中始终发挥着重要作用。对于高职学生而言，这一能力在其学习和职业生涯中显得尤为重要。虽然高职学生所学的专业技能和知识是其未来职业生涯的基石，但其语言表达能力却是这些建筑的"门和窗"。不论是在学校，还是在工作场所，高职学生都需要与教师、同学、上司、同事和客户进行有效的交流。只有拥有良好的语言表达能力，才能确保自己的观点和建议被正确理解，进而得到应有的认同和支持。随着工作的不断深入，高职学生需要与工作伙伴进行更为复杂的沟通，如商务谈判、技术交流、项目汇报等。在这些情境中，信息正确且清晰地传递尤为关键。同时，高职学生还需要与不同文化和背景的人进行交流，这更凸显了语言表达能力的重要性。

（二）情绪控制能力

情绪控制能力是指一个人在面对各种情绪和压力时，能够保持冷静和理智，避免情绪波动过大、过于激烈，从而更好地应对生活和工作中的各种挑战和困难。情绪作为人类的本能反应，对每个人都有影响。当面对挑战或困难时，人们常常会感到焦虑、沮丧或愤怒。这些情绪是正常的，但是如果过于激烈或持续时间过长，就可能影响个体的判断和决策，甚至导致身心健康的问题。因此，情绪控制能力就显得尤为重要，对情绪的有效控制可以帮助人们更加清晰地看待问题，更好地应对各种情境，并避免因情绪失控而导致的负面后果。对于高职学生来说，情绪控制能力在其学习和未来职业发展中都具有重大意义。在学习过程中，学生经常会面临各种压力，如考试、作业、实习等。如果没有情绪控制能力，学生可能会因为过度的焦虑或沮丧，而无法集中注意力，导致学习效果不佳。在实际的工作中，高职学生会面临更为复杂的人际关系和任务挑战。情绪控制能力不仅可以帮助其在工作中保持专业和冷静，更可以避免因情绪失控而导致的工作失误和人际冲突。

（三）人际交往能力

人际交往能力是指妥善处理组织内外关系的能力。随着技术的发展，尽管人们有了更多的沟通工具，但真正的、有意义的人际交流却变得更为珍贵。真正的交往不是表面上的交谈，而是对人进行深入的了解、互相尊重和真诚合作，这就要求个体具有良好的人际交往能力。对于高职学生来说，其在学习中需要与同学、老师，以及来自不同背景的人进行互动，合作完成项目，解决实际问题。这需要拥有良好的人际交往能力，理解他人的观点，并提出自己的意见，否则可能会在团队合作中遭遇困难，无法充分展现自己的潜力。在未来的职业生涯中，高职学生会涉及各种各样的人际互动，从与客户的谈判，到与团队成员的合作，再到与上级的沟通。在这些情境中，良好的人际交往能力不仅可以帮助学生更好地完成任务，还可以帮助他们建立自己的人际关系网，创造更多的工作机会。

（四）自主学习能力

自主学习能力是指一个人在没有外部指导或干预的情况下，能够主动寻找、吸收和运用知识的能力。在知识爆炸和技术快速发展的今天，学习不再是一次性的任务，而是终身的追求。对于高职学生而言，他们所学的知识和技能很可能在未来的职业生涯中派不上用场，因此，持续的、自主地学习变得尤为重要。自主学习能力能帮助高职学生在学习过程中更好地适应变化，因为高职学生可以根据自己的需要和兴趣，灵活地选择学习内容和方法。从职业发展的角度看，自主学习能力对于高职学生也是至关重要的。首先，这种能力可以帮助学生更快地适应职场环境，因为学生可以根据工作的需要，主动学习和掌握新的知识和技能，这不仅有助于学生更好地完成工作任务，也有助于学生在职业生涯中取得更大的发展。其次，自主学习能力也是高职学生在职场中建立自己独特价值的关键能力。

（五）组织管理能力

组织管理能力是指个体在工作中调动和协调资源，有效地组织和指导团队或项目以达到预定目标的能力。其主要包括协调关系的能力和善于用人的能力等。在日常工作和项目中，一个优秀的组织管理者不仅需要了解各个任务的细节，还需要对整个项目或整个团队有所把握。他们需要确保各个部分的协调和整体的流畅运作，同时还要确保团队成员的需求和意见得到妥善地考虑和处理。对于高职学生来说，组织管理能力在其今后的职业发展中扮演着至关重要的角色。随着学生步入职场，其很可能会被赋予更多的责任和更大的挑战。在这种情况下，良好的组织管理能力将成为学生成功的关键。无论是小型的团队项目，还是大型的企业任务，高职学生需要有能力协调不同的资源，确保任务的顺利完成。

（六）信息处理能力

信息处理能力是指个体在面对复杂的信息时，能够有效地识别、筛选、分析、综合和应用这些信息的能力。在当今这个信息时代，每天都有大量的信息涌入人们的生活，而如何快速而准确地处理这些信息，从中获取有用的知识和洞察，已经成为现代人必备的技能之一。高职学生作为即将步入职场的年轻人，在学校中除了学习专业知识和技能，还需要培养自己的信息处理能力。因为在未来的工作中，学生不仅要面对大量的专业信息，还需要处理与职业、行业、市场、客户等相关的各种信息。只有具备了良好的信息处理能力，才能够迅速适应工作环境，做出正确的决策，从而在职场上取得成功。信息处理能力的核心在于如何从众多的信息中找到真正有价值的部分，然后将其转化为可操作的知识或策略。这不仅需要学生对信息有敏锐的洞察力，还需要学生有分析和判断的能力。

二、专业能力

高职学生完成学业进入职场后，须具备所在领域的专业技能，这就是其应拥有的专业能力。专业能力主要包括以下几种，如图 5-2 所示。

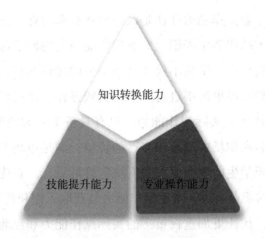

图 5-2　高职学生职业能力中专业能力的构成要素

（一）*知识转换能力*

知识转换能力是指个体从一个领域、情境中获取的知识，能够灵活地运用到另一个领域、情境中的能力。在复杂多变的现代社会，知识转换能力是人们在不同场合、不同任务中应对挑战、解决问题的关键能力。对于高职学生来说，所学的专业知识和技能往往是为特定领域或情境设计的。但在真实的职场中，需要将这些知识和技能应用到各种不同的任务、项目或环境中。这就需要学生具备强大的知识转换能力，以确保自己的专业知识和技能始终保持活力和应用价值。随着科技的进步和产业的变革，许多传统的职业和工作方式正在发生深刻的变化。在这种环境下，单纯依赖固有的知识和技能已不再足以应对各种挑战。只有具备了知识转换能力，高职学生才能够迅速适应变化，抓住新的机会，实现自己的职业发展。

（二）*专业操作能力*

专业操作能力是指个体在特定领域内，根据专业标准和要求，准确地、高效地执行各种操作和任务的能力。这种能力不仅包括对专业工具、设备和技术的熟练掌握，还涉及对相关理论知识的深入理解和应用。在实际工作中，专业操作能力往往是区分专业和非专业、熟练和不熟练的关键标准。对于高职学生来说，专业操作能力是他们学习和培训的核心目标。在高职教育中，学生不仅要掌握相关的理论知识，还需要在实验室、实训基地和实习单位中进行大量的实践操作，以确保自己的知识和技能能够真正转化为实际工作能力。只有具备了强大的专业操作能力，高职学生才能够在职场中展现出自己的价值，满足市场的需求。专业操作能力对于高职学生的职业发展具有决定性的意义。首先，对于许多技术和应用导向的职业来说，专业操作能力是获取工作和晋升的基本条件。在这些领域中，往往更加重视员工的实际操作能力和经验，而不仅仅是学历和证书。因此，具备了高水平的专业操作能力，高职学生就能够更容易地找到令自己满意的工作，获得更好的职业机会。其次，专业操作能力与高职学生的职业稳定性和职业满足感密切相关。在现实工作中，专业操作能力往往可以帮助高职学生更好地应对各种任务和挑战，提高工作效率和质量。这不仅可以为学生带来更高的工资和福利，还可以增强学生的职业自信和成就感，从而提高他们的职业满足度和忠诚度。

（三）技能提升能力

技能提升能力是指个体不断识别、采纳和适应新的知识和技能，以满足不断发展和变化的工作要求和环境的能力。虽然高职学生在学校中会学习大量的专业知识和技能，但随着科技、产业和职业的快速发展，这些知识和技能可能很快就会过时或失去相关性。因此，高职学生需要不断地更新和提高自己的技能，以确保自己始终保持竞争力和应变能力。技能提升能力对高职学生的职业发展具有深远的影响。一方面，随着经济全球化、信息数字化的发展，职场上的任务和要求正变得越来越复杂和专业化。为了适应这些变化，高职学生需要不断地学习和掌握新的技能，以满足新的工作要求和机会。由此才能在职场上取得成功，实现自己的职业目标和理想。另一方面，技能提升能力也是高职学生实现职业稳定和发展的关键。在当前这个快速变化的时代，那些不愿意或不能适应变化的人可能很快就会被淘汰。而那些具备技能提升能力的人则可以更容易地适应变化，从而获得更好的工作机会，实现自己的职业进步和发展。

三、关键能力

关键能力是指学生未来适应社会和行业发展的必要能力。只有具备基本和关键的能力才能胜任新的工作，才能高效率地、高质量地完成工作任务，实现自身职业的健康和可持续发展。关键能力主要包括解决问题的能力、创新能力、实践能力、社会适应能力，如图 5-3 所示。

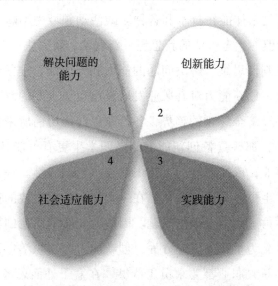

图 5-3　高职学生职业能力中关键能力的构成要素

（一）解决问题的能力

解决问题的能力是指个体在面对各种问题和挑战时，能够迅速地识别问题的本质，分析可能的原因和后果，选择最佳的解决方案，并采取有效的行动来运用解决方案的能力。对于高职学生来说，解决问题的能力是其在学校和职场中的一个核心竞争力。在学校中，高职学生需要面对各种学术和实践问题，如实验故障、项目困难、团队冲突等。在职场中，高职学生还需要面对各种工作和职业问题，如技术障碍、市场竞争、管理危机等。在这些情境中，解决问题的能力不仅可以帮助高职学生更好地完成学业和任务，还可以为其带来更多的机会和认可。解决问题的能力还与高职学生的创新和创业有关。在当前这个创新驱动的时代，解决问题的能力往往是推动创新和创业的关键因素。那些具备强大的解决问题的能力的高职学生往往更容易发现和把握新的机会，创造和实现新的价值。

（二）创新能力

创新能力是个体能在技术和各种实践活动领域中不断提供具有经济价值、社会价值、生态价值的新思想、新理论、新方法和新发明的能力。创新能力与批判性思维、解决问题的能力和开放性思维紧密相连。对于高职学生来说，创新能力对其职业发展具有至关重要的意义。随着技术的快速发展和经济全球化的趋势，各行业正在经历前所未有的变革。在这样的环境中，那些具备创新能力的高职学生更有可能找到新的机会，发展自己的事业，或在现有的工作中取得出色的成绩。一方面，创新能力使得高职学生更容易适应变化。在一个变化如此之快的世界里，昨天的方法可能不再适用于今天的问题。因此，能够不断地创新和适应新情境的能力变得尤为重要。另一方面，创新能力为高职学生开辟了新的职业机会。许多新兴职业都要求员工能够"在盒子外面思考"，提出新的观点或解决方案。因此，具备创新能力的高职学生在求职过程中将拥有更多的选择，并更有可能找到符合自己兴趣和专长的工作。

（三）实践能力

实践能力就是指从事一定社会劳动所需要的各种能力。在当前的职业环境中，单纯的理论知识已经不能满足单位的需求。高职学生在学校中可能已经掌握了大量的专业知识，但如果没有实际应用这些知识的能力，在职场上可能会遇到困难。因此，实践能力对于高职学生的职业发展至关重要。实践能力是高职学生获得就业机会的关键。许多企业在招聘时都特别强调应聘者的实际工作经验和能力，希望新员工能够迅速适应工作环境，并快速为公司创造价值。具备实践能力的高职学生在求职时具有更大的竞争优势，因为其已经具备了在实际工作中所需的技能和经验。实践能力有助于高职学生在工作中实现个人价值。在职场上，任务常常是多变的，需要员工根据实际情况进行调整和应对。具备实践能力的高职学生能够更加灵活地应对各种挑战，为公司解决问题，更好地实现个人价值。

（四）社会适应能力

社会适应能力是指人为了在社会上更好地生存下去，从而进行的一系列在心理上、行为上和生理上的适应性的改变，以期达到和谐状态的一种能力。学生作为正在成长中的人，他们是未来祖国建设的接班人，也是新生代的力量，因此，在高职教育中更应该注重学生群体的身体素质，更应该培养他们的社会适应能力，促进学生的社会化，让学生清晰地认识社会，让学生获得在社会中生存生活的能力。第一，优化体育课堂环境，促进心理健康教育。虽然在素质教育背景之下，注重学生的德、智、体、美、劳全面发展，但是由于考核方式并未发生太大的改变，还是非常重视对学生知识学习这一方面的考核。体育教学本身是比较重视实践性的，要求学生在学习中获得相关的运动技能。根据以上情况，学校体育课堂教学的松紧程度是不平衡的，有时候过于松，有时候又过于紧。正确的做法是要从学生的情感需求出发，优化体育课堂环境，促进心理健康教育。优化体育课堂环境，首先，体育教师要深入钻研体育教学内容，让教学内容更加有趣，尽量采用学生喜闻乐见的方式开展体育教育。其次，体育教师要结合学生的心理特征，多组织一些体育游戏活动，让学生能够在游戏活动中真正地放松自己的身心，获得良好的情感体验。通过优化体育课堂环境，打造愉快的体育教学氛围，学生会处于轻松的学习氛围当中，此时，再将心理健康教育渗透其中，学生的专注力会更高。

除了创造以上环境，师生之间和谐关系的构建同样也属于课堂环境优化的重要内容。所以，教师应该多站在学生的角度考虑问题，及时给学生关心和帮助，给学生树立良好的榜样，让学生对教师更加信任，这样一来，心理健康教育的质量也会得到提升。

第二，注重体育课后衔接小结，了解学生内心。体育课后衔接小结就是把学生召集起来，以茶话会的形式互相交流，在这一过程中，学生可以随心所欲地交流自己的感想，可以随心所欲地和同学及老师分享自己的内心世界。教师在这一环节中要做的就是激发学生的积极性，让学生表达自己。除此之外，教师还要做好一名合格的倾听者，要从学生的话语中获得关键的信息。在学生表达出自己的想法之后，教师应该采取有针对性的措施，为他们提供心理支持，帮助他们解决日常生活中的挑战，消除他们的疑虑，并且为他们的心理健康提供有效的保障。

当进行课后小结时，大多数学生都会将他们在课堂上的收获和感受分享给同学们，而老师则可以通过这些交流来鼓励他们，帮助他们建立起自信心，并且更加积极地参与到课堂活动中来。而针对学生做得不够好的地方，教师要委婉且中肯地提出有针对性的建议，让学生明确自己方向。

第三，将学生作为主体，立足于生活开展体育教学。高职学生处于身心发展还不完全成熟的阶段，对于学习具有一定的求知欲。但是高职学生的心理又是复杂的，容易被外在环境影响。针对这一现状，体育教师应发挥出其应有的作用，体育教师应重视学生体育兴趣的培养，立足生活实际，为学生营造良好的学习环境。首先，教师应该结合实际情况选择合适的教学模式，采用不同的教学手段，提高体育课的质量。其次，教学时，教师要紧跟潮流，在教学内容中尽量多融入一些新元素，以激发学生的兴趣。最后，教学内容应该具有针对性特点，以满足广大学生的不同需求。

第四，加强体育教学力度。由于高职院校本身具有的特殊性，很多高职院学校忽视体育的课程教学，这也是阻碍高职体育教学发展的重要因素。所以就当下来看，一方面，高职院校要加大体育教学力度，加强对学生的培养力度，从根本上转变体育教师的认知，让教师引起重视，学生强化认知。另一方面，高职院校还要加强对体育教师的培训，提升体育教师的专业能力，提高体育教师的教学水平。此外，在教学内容上，体育教师还应该多花心思，制定一套科学的、合理的、有针对性的、符合实际需求的教学方案，帮助学生提升其体育素养。

第五，多样化形式提升学生的兴趣。在所有的教学活动中，兴趣是学生最好的老师，如果学生对体育活动具有极大的兴趣，那么体育教学活动的开展就会顺利很多。"兴趣"也正是高职院校学生所缺少的，学生对体育课不感兴趣，上课时注意力就会不集中，态度敷衍，积极性不高。学校可以根据实际情况定期开展具有趣味性的体育竞技项目，充分调动学生的积极性，以此提升学生对体育活动的兴趣，加深学生对体育知识的了解，渐渐地让学生爱上体育课。

第二节 高职学生职业能力的影响因素

一、教学向度

在高职教育中，教学向度这一因素对学生职业能力的培养起着决定性作用。高职学生职业能力的教学向度影响因素如下图5-4所示。

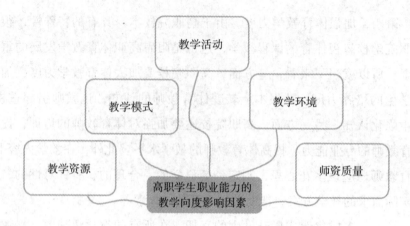

图 5-4　高职学生职业能力的教学向度影响因素

（一）教学资源

高职学生的职业能力受多种因素的影响，其中，教学资源是一个至关重要的因素。高职教育着重于学生的职业技能训练和实践能力的培养，因此，丰富、先进的教学资源是保证学生顺利完成学业、顺利进入职场的关键。教学资源为学生提供了所需的知识和技能。例如，泛在学习资源、实验设备、实习实践基地都是教学资源的重要组成部分。泛在学习资源是指那些随时随地都可以访问的学习资源。这种资源包括在线课程、电子书籍、视频教程、网络研讨会等。这些资源为学生提供了极大的便利，使其能够根据自己的需求和进度进行学习。实验设备则为学生提供了实际操作的条件。先进、完备的实验设备不仅可以帮助学生更好地理解和掌握理论知识，还可以培养学生的实际操作能力、创新能力和解决问题的能力。实习实践基地为学生提供了与职场接轨的机会，帮助他们更好地了解职场环境和要求，为将来的职场生活做好准备。缺乏充足的教学资源，学生可能会找不到合适的学习材料，难以深入地理解和掌握专业知识和技能。

（二）教学模式

在高职教育中，学生的职业能力培养与教学模式密切相关。教学模式不仅影响学生的知识吸收，更进一步决定其未来职业生涯中的实践能力、适应能力和创新能力。现代的教学模式更注重以学生为中心，鼓励学生主动参与、合作学习和实践操作。这种模式下的学生更加主动、独立，学生在学习过程中不仅能掌握理论知识，还能积累大量的实践经验。例如，基于项目的学习模式鼓励学生围绕真实的问题开展研究，与团队合作找到解决方案。这种方式能使学生在实践中掌握知识，培养其解决问题的能力、团队协作的能力和创新能力。此外，技术驱动的教学模式，如在线学习、混合式学习、虚拟实验室，为学生提供了更多元、更便捷的学习方式。这种模式能够破除时间和地点的限制，使学生可以根据自己的节奏进行学习。与此同时，技术为学生提供了与真实职场环境接轨的机会，使学生能更好地了解职业的发展趋势和需求。

（三）教学活动

高职教育通过组织多样化的教学活动，为学生提供多样化、实践性和情境化的学习经验，有助于促进学生的综合素质和职业能力的培养。下面，笔者将从第二课堂、情境教学以及"行动学习"三个角度对其进行探讨。

第一，第二课堂超越了传统的课堂教学，其为学生提供了丰富的社会实践和社团组织活动。学生在这里可以参与各种竞赛、研讨会、工作坊、实地考察等，锻炼其团队协作、组织协调、公共关系和解决实际问题的能力。这些活动不仅丰富了学生的校园生活，还帮助他们将所学知识与实践相结合，加深了对专业领域的理解。第二，情境教学通过模拟真实的工作环境和情境，使学生在一个相对真实的背景中学习。这种教学活动鼓励学生积极参与、体验和反思，从而使学生更好地掌握知识、技能和态度。第三，"行动学习"活动强调通过实际行动来学习。学生在这个过程中不仅学习新的知识和技能，还需要对自己的学习过程和结果进行反思。通过与同伴、导师或企业家的深度交流，学生可以更好地认识自己，明确自己的职业目标和发展方向。此外，"行动学习"还鼓励学生积极探索和尝试，培养其创新意识和创业精神。

（四）教学环境

在技术进步与社会发展的背景下，教学环境对高职学生职业能力的影响愈发显著。下面，笔者将从教学信息化平台、学校管理环境和校园文化三个维度入手，探讨其对培养高职学生职业能力的作用。

教学信息化平台已经成为现代教育的重要组成部分，该平台不仅为学生提供了丰富的学习资源和工具，还为学生提供了更为灵活和多样的学习方式。依托这一平台，学生可以更为自主地获取和处理信息，更好地与同伴和老师沟通交流，更为有效地进行实践和创新。而且，教学信息化平台还为学生提供了真实或模拟的职业环境，使学生可以在实际的情境中锻炼和提高自己的职业能力。

良好的学校管理环境可以为学生提供安全、有序、和谐的学习氛围，使学生更加自信和有动力地参与到学习和实践中。而且，有效的管理不仅可以促进学生的认知和技能发展，还可以培养他们的责任感、合作精神和创新意识。相反，若管理环境过于严格或放任，可能会限制学生的思维和行为，甚至导致他们对学习和职业产生消极或抵触的态度。

校园文化是学校的精神象征和价值导向，它不仅反映了学校的历史和传统，还体现了学校的理念和目标。健康和积极的校园文化可以为学生提供一个充满活力和创意的环境，激发他们的学习兴趣。

（五）师资质量

高职学生的职业能力不仅取决于他们的自身努力和学校提供的资源，还与其接触的教师和教育工作者的质量紧密相关。师资质量作为教育的重中之重，对学生的职业能力培养有着直接和深远的影响。首先，教师是学生的引路人，其知识水平、教学方法和教育理念都会直接影响学生的学习效果。一个经验丰富、有深厚学识的教师可以带给学生丰富的知识和技能，帮助学生建立起正确的学习观念和方法。相反，一个缺乏经验或知识水平不足的教师可能会让学生产生学习的困惑和挫败感，甚至影响他们对整个职业的兴趣和热情。其次，教师是学生的职业导师和人生导师，其言传身教、经验分享和职业指导都会影响学生的职业观念和职业规划。一个有丰富职业经验、有深入行业了解的教师可以帮助学生更好地了解职业世界，为学生的未来职业生涯提供宝贵的建议和方向。而一个对职业和行业缺乏了解的教师可能无法为学生提供准确和实用的职业建议。再次，教师的教育热情和职业道德对学生的职业能力培养有着重要的影响。一个热爱教育、关心学生的教师可以激发学生的学习兴趣和潜能，帮助学生克服学习的困难，提高学生的自信心和学习效果。而一个缺乏教育热情、只求敷衍了事的教师可能会让学生感到无趣和沮丧，影响学生的学习积极性和效果。

二、学生向度

学生向度是影响高职学生职业能力培养的关键个体因素，学生向度影响因素如下图 5-5 所示。

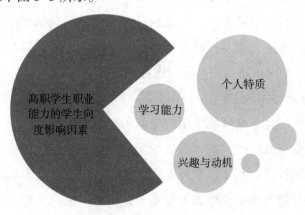

图 5-5　高职学生职业能力的学生向度影响因素

（一）个人特质

高职学生的个人特质如性别、性格和价值观都是决定其职业能力培养和发展的关键因素。为了更好地培养学生的职业能力，教育者不仅需要传授知识和技能，还需要深入了解和尊重学生的个人特质，以提供更符合学生需求和特点的教育和指导。

首先，性别因素对职业能力的影响主要体现在其对某些职业或技能的倾向性和接受性上。由于生理差异，男性可能在机械、建筑等领域具有天然的优势和兴趣，而女性可能在护理、艺术、沟通等领域展现出更强的倾向和能力。当然，这并不意味着某一性别不能或不应该进入某个领域，但性别因素可能影响学生对某些技能和知识的掌握速度和深度。

其次，性格因素对职业能力的培养也有重要作用。例如，外向的学生可能更容易适应团队合作和公众演讲，而内向的学生可能更擅长独立思考和深入研究。一个勇敢冒险的性格可能使学生在创新和解决问题方面更为出色，而一个谨慎稳重的性格可能使学生在计划和执行方面更为准确。因此，理解和尊重学生的性格特点，可以帮助教育者更有效地进行有针对性的教学，使学生的职业能力潜力得到最大化发掘。

再次，价值观作为学生认知和判断世界的基石，深刻地影响着学生的学习态度和行为方式。一个坚信自己努力就能成功的学生，可能会更加投入学习，更愿意面对挑战和困难。而一个认为成功只与天赋和运气有关的学生，面对困难时则可能会选择放弃。

（二）兴趣与动机

兴趣与动机是影响高职学生职业能力的重要因素。当一个学生对某个专业或职业有浓厚的兴趣，并以此为驱动时，其往往能够更好地吸收相关的知识和技能。其中，职业态度、学习获得感以及专业认同三大因素对学生的兴趣和动机产生着非常重要的影响。第一，职业态度是形成兴趣和动机的基础。一个对职业持有正面态度的学生会更加珍视所学的技能和知识，因为这些学生相信这些技能和知识能够帮助自己更好地实现职业目标。这种积极的职业态度为学生的学习提供了持续的动力。相反，如果学生对未来的职业抱有悲观或消极的看法，其可能会觉得学习是徒劳的，因而缺乏学习的动机。第二，学习获得感是保持兴趣和动机的关键。学习获得感本质上是指学生在学习过程中体验到的成就感和满足感。当学生在学习中不断取得进步，感受到自己的能力在提高时，他们的学习热情会持续上升。反之，如果学生长时间未感受到任何进步或者反复遭遇失败，其可能会对学习失去兴趣。因此，教育者应确保教学过程中有充足的正反馈，以增强学生的学习获得感。第三，专业认同是强化学生兴趣和动机的重要手段。专业认同不仅仅是对专业内容的认知，更是对于专业价值、地位和未来发展的深刻理解和赞同。当学生对自己所学专业产生深厚的情感联系，他们会更加珍视所学专业，并努力使自己成为该领域的专家。专业认同还能帮助学生更清晰地认识自己的职业定位和发展方向，从而为他们提供明确的学习目标和动机。

（三）学习能力

学习能力对高职学生的职业能力有深远影响。一方面，学习能力决定了学生对新知识、技能的掌握速度和深度，进而影响其专业技能水平。另一方面，具备强大学习能力的学生能够更好地适应快速变化的职业环境，持续更新自己的知识体系，保持竞争力。下面，笔者将从自主学习能力、职业能力证书、学习接受度角度入手，论述学习能力对高职学生职业能力的影响。

自主学习能力是高职学生在职业道路上取得成功的基石。高职教育强调应用与实践，而职业环境时常在变化，因此，其对学生技能和知识的要求也随之更新。自主学习能力使学生能够在学校之外，通过各种途径继续对知识进行探索和学习，满足其不断发展的职业需求。具备良好自主学习能力的学生，能够针对自己的职业目标和发展方向，有针对性地进行学习，快速适应并应对各种工作挑战。

职业能力证书作为职业技能和知识的权威认证，对于高职学生而言具有重要且特殊的意义。职业能力证书的获取也是一个学习过程，需要学生付出努力，掌握相关的技能和知识。这一过程将进一步锻炼学生的学习能力，使他们更加适应职业发展的需求。

学习接受度是衡量学生对新知识、新技能接受和消化能力的标准。在职业发展过程中，新的技术、方法和流程不断出现，学生需要具备高度的学习接受度，才能迅速适应这些变化，确保自己始终站在职业发展的前沿。学习接受度与学生的心态、态度和学习方法有关，高职教育需要为学生创造一个开放、包容、鼓励创新的学习环境，帮助学生培养学习接受度。

三、政策向度

深层次的制度政策因素像"无形的手"，推动着技能型应用型人才的培育发展。下面，笔者将从产教融合政策和规划政策两个角度入手，论述政策向度对高职学生职业能力的影响。

（一）产教融合政策

在新时代的教育背景下，产教融合已经成为推进职业教育改革的核心方向，其突破了传统的教育模式，将教育与产业深度融合，能为学生提供更加实际、具有前瞻性的学习内容，能为高职学生提供更为广阔的发展空间和更加实际的学习体验。

首先，校企合作是产教融合政策的一大亮点，也是高职教育质量提升的关键因素。通过与企业深度合作，高职院校可以引入企业的先进技术、经验和资源，为学生提供更加贴近实际、与产业对接的课程设置和实训机会。学生可以在企业中进行实习、实训，亲身体验真实的工作环境，增强自己的职业技能和实际操作能力。企业也可以针对自己的需求为学生提供定制化的培训，确保毕业生能够快速适应工作。其次，产教融合不仅仅是校企合作，它还涉及教学内容、课程体系、教育模式等多方面的整合和创新。通过产教融合，学生可以更好地理解和掌握职业技能，增强自己的竞争力，为未来的职业生涯打下坚实的基础。再次，现代学徒制是产教融合的又一重要形式，它结合我国的实际情况，为高职学生提供了一种全新的学习模式。在现代学徒制中，学生可以在企业中进行长期实训，与企业的老师一起学习和工作，深度体验职业的魅力。此外，现代学徒制还为学生提供了与企业直接对接的机会，增强了其就业的优势。最后，"1+x证书试点"是教育部等部门为促进产教融合、提高职业教育质量而联合推出的新政策。其中，"1"代表学生的学历证书，而"x"代表与职业相关的各种技能证书。该政策鼓励学生在学习专业知识的同时，也注重职业技能的培养，获得更多的技能证书，增强自己的综合竞争力。

（二）规划政策

规划政策确定了教育的方向、目标和标准，为高职学生的职业能力培养提供了明确的路线图。一个科学、前瞻和实际的规划或政策能确保高职学生的能力与市场需求紧密匹配，提高他们的就业竞争力。规划政策对高职学生职业能力的影响主要表现在职业能力培养规划、职业能力标准两方面。

一方面，职业能力培养规划为高职学生提供了一个清晰、系统的培训和发展方向。良好的规划能确保学生在整个教育和培训过程中获得必要的技能和知识。这不仅涉及学术知识，更重要的是能为他们的未来职业生涯提供实用的、与行业相关的技能。规划的明确性可以帮助学生理解他们的职业目标，使他们更有针对性地进行学习，从而更好地满足未来工作的需求。

另一方面，职业能力标准为高职院校和学生提供了一个参考框架，使他们能够了解在某一特定领域或行业中所需的技能和知识。标准的存在确保了教育和培训的质量，使其能与职业市场的实际需求更相匹配。这样的标准也鼓励学生持续努力，追求卓越，以确保他们的技能和知识达到或超过这些标准。此外，这些标准为用人单位主提供了一个参考，他们可以通过这些标准来评估员工潜在的职业能力，从而为企业带来更高的生产力和效率。

四、交互向度

(一)校内实训

"纸上得来终觉浅,绝知此事要躬行。"高职学生的职业能力不仅取决于其在教室中所学的理论知识,更取决于其在实际操作中的技能和经验。校内实训,即学校帮助学生积累实际操作和实践经验的平台,是影响高职学生职业能力的关键因素。

首先,校内实训为高职学生提供了一个接触真实工作环境的机会。通过在学校的实验室、工作坊或模拟工作场所中进行实训,学生可以在一个相对安全、有指导的环境中学习和实践他们在教室中学到的知识。这种实践经验为学生提供了一个将理论知识与实际操作结合起来的机会,使他们能够更好地理解和应用他们所学。其次,校内实训为学生提供了一个使用工作中用到的工具和设备的机会。在很多职业领域,使用特定的工具和设备是完成工作的基本要求。通过在学校的实训中使用这些工具和设备,学生可以熟悉他们在未来工作中可能会使用的工具和技术,从而为他们的职业生涯做好准备。此外,校内实训为学生提供了与真实工作场所相似的挑战和问题。在实际操作中,学生可能会遇到他们在教室中没有遇到的问题或挑战。这为他们提供了一个解决实际问题、应对挑战和提高他们的问题解决能力的机会。此外,这也为他们提供了一个在真实工作环境中与他人合作、交流和解决冲突的机会,从而提高他们的团队合作和人际交往能力。

(二)企业实习

高职学生的企业实习经验,对其职业发展起着关键性的作用。这种直接接触职场的经历,不仅能让学生得到真实的职业环境感受,还为学生提供了宝贵的实践机会,帮助学生更好地为未来的工作做好准备。企业实习因素对高职学生职业能力的影响如下图5-6所示。

图 5-6 影响高职体育学生的企业实习因素

1. 实习时长

实习时长对于学生深入了解企业文化、工作流程和职业要求有着重要的意义。较长的实习时长意味着学生有更充足的时间去适应企业环境，深入参与到各项工作中，并通过长时间的实践锻炼提高自己的职业技能。与此同时，长期的实习经历也有助于学生建立起较为稳定的人脉关系，这对于他们日后的职业发展也具有积极的影响。

2. 实习单位的选择

实习单位的选择对学生的职业能力培养起到了至关重要的作用。知名大企业往往具有较为先进的管理模式和工作流程，为学生提供了一个学习先进经验、了解行业前沿动态的平台。而中小企业则更加注重实际操作，能让学生在实际工作中得到大量的实践经验。无论是大企业还是中小企业，选择合适的实习单位都能为学生提供宝贵的学习和成长机会。

3. 专业对口程度

专业对口程度对于学生的职业技能培养有着重要的影响。首先，当学生选择与自己所学专业高度匹配的实习岗位时，可以更加直观地看到自己所学知识在实际工作中的应用。这不仅能够帮助学生实际操作所学的理论知识，还能加深他们对这些知识的掌握和理解。例如，学习会计的学生在会计师事务所实习，可以更直接地理解财务报表的编制和分析方法，使得专业与实践之间的联系更加紧密。其次，与专业高度匹配的实习经历可以帮助学生更快地熟悉工作环境，节省大量的学习和适应时间。因为他们已经在学校里对该领域有了一定的认知和理解，所以能够更加迅速地融入团队。这对于企业而言，也是一种资源的节省。最后，专业对口的实习可以提高学生的职业自信。当学生发现自己所学的知识和技能在实际工作中得到了应用和认可，他们的自信心会得到极大的增强。这种自信不仅仅体现在当前的实习岗位，更能帮助他们在未来的职业生涯中更加从容地面对各种挑战。

4.师傅指导

师傅指导在学生的企业实习中扮演了至关重要的角色。对于刚刚走出学校的学生来说，无论是从理论知识到实践操作，还是从学生身份到员工身份的转变，都充满了挑战。此时，有经验的师傅就如同他们的指南针，不仅能指引学生完成任务，还能教会学生如何与人沟通、如何解决实际工作中出现的突发问题。正所谓"师者，所以传道、受业、解惑也。"在技能层面，师傅会教学生如何将所学知识应用于实践当中。而更为重要的是，师傅还会将自己积累的经验传授给学生，告诉学生如何更好地融入团队、如何面对和处理工作中的矛盾和压力。另外，师傅的人生经验和职业规划建议对于学生而言是无价之宝。师傅通过分享自己的成功和失败的经历，可以使学生在面对选择时能够更加明确自己的方向。同时，师傅的职业规划建议可以帮助学生更好地理解自己的长处和短处，为未来的职业生涯做好规划。

五、环境向度

环境不仅仅是指物质条件，更多的是指周围的社会、文化和经济环境。环境向度对高职学生职业能力的影响如下图 5-7 所示。

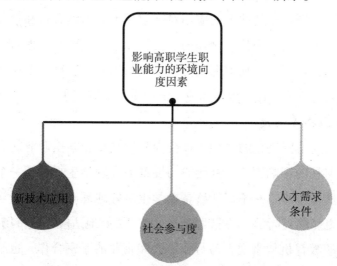

图 5-7　影响高职学生职业能力的环境向度因素

（一）新技术应用

随着科技的不断进步，新技术在多个行业中的广泛应用正深刻地改变着人们的工作和生活方式。对于高职学生来说，他们即将进入一个充满变革和机遇的职业世界，在这个职业世界中，新技术的应用无疑是其重要的环境因素，这一因素对学生的职业能力和未来的职业发展有着直接而深远的影响。

第一，新技术的应用改变了许多行业的工作模式和需求。例如，人工智能和大数据的发展让数据分析和机器学习成为众多企业竞争力的核心，这意味着对于即将步入职场的高职学生来说，他们需要掌握更为先进的技能和知识，才能适应这种变革，满足企业的需求。如果学生只停留在传统的知识体系和技能培训上，很可能会面临被市场淘汰的风险。第二，新技术的普及和应用带来了全新的工作岗位和机遇。如今的企业更加重视技术研发和创新，这为高职学生提供了众多的工作机会。同时，技术的进步也意味着学生在学习过程中可以利用更多的先进工具和平台，如在线学习平台、虚拟实验室等，这些都为学生提供了更为丰富和高效的学习资源。第三，新技术的应用对高职学生的思维方式和学习方法提出了新的要求。在这个信息爆炸的时代，学生不仅要学会如何快速获取和筛选信息，还要学会如何深入分析和创新思考。这种对于深度学习和批判性思维的要求，让学生在职业生涯中更加具有竞争力。

（二）社会参与度

在如今这个网络化的时代，社会参与度是高职学生职业能力形成的一个不可忽视的影响因素。社会参与度都为高职学生提供了一个宝贵的实践平台和资源库，它不仅能够帮助学生更好地理解和掌握所学的知识和技能，更能够提高学生的职业能力，使其更好地适应职业市场的需求。而对于高职教育机构来说，与行业协会和企业的紧密合作，也是提高其教育质量，培养更为优秀的人才的关键途径。

从行业协会的参与来看，行业协会是各个行业领域内的权威机构，它们通常具有丰富的专业资源、行业数据和前沿资讯。当高职学生与这些行业协会互动时，他们可以接触到更为真实的行业现状和趋势，从而对自己所学的知识有更深入的理解和应用。更重要的是，行业协会通常会定期举办各种培训、研讨和交流活动，这为学生提供了与行业内的专家和企业代表直接交流的机会，这无疑对他们的职业发展起到了积极的推动作用。

从企业的参与角度看，企业是高职教育的直接受益者。在与高职院校的合作中，企业不仅可以为学生提供实习和就业机会，还可以通过定向培养、项目合作等方式，将企业的实际需求直接反馈到教学过程中，使教学内容和方式更加贴近实际，更有针对性。对于学生来说，与企业的直接互动，无论是通过实习、项目合作还是企业导师制度，都能够帮助他们更好地理解和掌握所学的知识和技能，提高其职业能力。

（三）人才需求条件

人才需求条件是当今高职教育领域中重要的外部驱动力，具体可以分为区域人才需求和岗位能力需求两个主要维度，它为高职学生塑造职业能力提供了直观的方向。理解这两个维度如何影响高职学生的职业能力，对于教育者和学生都具有极其重要的意义。

区域人才需求是一个宏观的维度，主要涉及一个特定地区的经济发展、产业结构、政策导向等多个方面。这种需求往往随着政府政策、技术革新、市场变革等因素的变化而发生改变。例如，某个地区提出了发展高新技术产业的策略，这往往会导致该地区对高技术领域人才的大量需求。对于高职学生来说，这意味着他们需要具备与之对应的技术能力和专业知识，才能满足这个地区的就业市场的需求。同时，区域人才需求也影响着学校的教育策略和课程设置，使得教育内容更加贴合实际，更具针对性。

岗位能力需求是一个相对微观的维度。每一个岗位都有其特定的能力需求，主要包括技术能力、沟通能力、团队合作能力等。这些能力需求直接决定了高职学生在就业市场上的竞争力。如果学生不能满足这些能力需求，他们可能会面临就业方面的困难。反之，如果学生能够提前了解并掌握这些能力，就更有可能获得满意的工作机会。而这种能力需求的信息，通常来源于企业和行业。因此，高职教育机构需要与企业和行业进行紧密的合作，了解不同企业的实际人才需求，为学生提供与之匹配的教育和培训。

第三节　高职学生职业能力的功能定位

一、完善个人修养

在当今的快速发展的社会中，职业能力的培养和个人修养之间的关系变得尤为重要。对于高职学生来说，他们正处于一个转折点，即将进入社会开始他们的职业生涯。在这个关键时刻，如何确保他们既能拥有扎实的职业能力，又能拥有高尚的个人修养，成为教育者和学生共同面临的挑战。而当人们深入探讨这两者之间的内在联系时，就会发现，职业能力的培养实际上是一个极好的途径，其能帮助高职学生提高他们的个人修养。

个人修养就是人在个体心灵深处经历自我认识、自我解剖、自我教育和自我提高的过程后所达到的境界，其主要可以概括为20个字，即仁义礼智信，温良恭俭让，忠孝悌慎廉，勤正刚直勇。仁义礼智信指的是仁爱、忠义、礼和、睿智、诚信这五种美德；温良恭俭让指的是温和、善良、恭敬、节俭、谦逊这五种美德；忠孝悌慎廉指的是忠心、孝悌、勇敢、谦恭、廉洁这五种美德；勤正刚直勇指的是勤奋、正直、刚毅、坦率、勇敢这五种美德。当高职学生在职业能力的培养中遇到挑战、困难或失败时，需要学会仁爱、忠心、谦恭和勤奋，这些都是高职学生在面对挑战时所需的美德。而当高职学生在团队合作、沟通交流或是项目管理中展现出良好的表现，背后也体现了高职学生的礼和、睿智、谦逊和正直。这样看来，职业能力的培养实际上是个人修养的一个实践场所，能让学生在实践中体验和感悟这些美德。

职业能力的培养不是短暂的行为，而是一个持续、循序渐进的过程。这一过程强调的不仅仅是知识的积累和技能的磨炼，更多的是对学生个人修养的持续塑造。时间、实践和持续的学习成为这个过程中的三大支柱。时间给予学生持续的成长机会，实践让学生直面各种真实情境，而持续的学习则为学生提供更新、更深入的知识体系。正是在这个过程中，学生开始真正体验生活的酸甜苦辣，体验成功的喜悦和失败的滋味。面对困难和压力，学生学会了坚韧，这种坚韧成为学生面对挑战的有力武器。而在遭遇失败时，学生不是沮丧或放弃，而是学会了反思和自我调整。同样地，当学生在某个领域或任务中取得了成功，学生也学会了谦逊和低调，知道背后的成功不仅仅是个人努力的结果，还有团队的支持、他人的帮助以及各种有利的外部条件。这种由内而外的成长和塑造，使得学生的职业能力得到了明显的提升，但更为重要的是，学生的个人修养也随之得到了巨大的提升。学生的情感更为丰富，对人与事的看法更为成熟和理性，对未来充满了更多的希望和信心。这样的学生，无论是在职业场景还是在生活中，都能够成为一个更加完整、更有深度的个体，为社会创造更多的价值。

高职学生在职业能力的培养和提升中，会遇到各种各样的人，他们需要学会与不同背景、不同性格、不同价值观的人进行有效的沟通和合作。这就需要他们展现出善良、恭敬、节俭和坦率这些美德。而当高职学生在职业生涯中遇到各种道德困境时，需要坚守的正是社会所提倡的廉洁、刚毅和勇敢。可以说，每一次职业挑战，都是一次个人修养的考验，都是一次提升自己心灵境界的机会。此外，高职学生在职业能力的培养中，不仅仅是学习一些技能或知识，更多的是学习如何做人、如何待人。高职学生在与他人的互动中，会深刻体会到仁爱、礼和与谦逊的重要性；在面对复杂的职业环境时，会深刻体会到忠诚、勤奋和坦率的重要性。这些美德不仅仅是高职学生走向成功的关键，更是高职学生成为一个完整、成熟个体的关键。

二、提高职业信心

高职学生站在职业生涯的起跑线上，职业能力不仅是其未来生涯的保障，更是其对未来的自信来源。职业能力和职业自信之间的关系密不可分。随着高职学生职业能力的不断培养与提升，其职业自信也会逐渐增强，从而为高职学生的未来职业生涯打下坚实的基础。

职业能力是高职学生在未来职场中的核心竞争力。在现代社会，职业能力成为决定高职学生未来职业生涯发展的关键因素。这不仅仅是因为职业能力是其基本的工作要求，更是因为在一个快速变革的社会环境中，个人的职业能力往往直接关系到他能否在职场中持续增长和取得成功。在这种背景下，高职学生对职业能力的追求和培养显得尤为重要。随着技术的日益进步和行业的不断更新，要想在职场中取得一席之地，仅仅依靠传统的知识体系是远远不够的。高职学生必须时刻保持对新知识、新技术的敏感度，努力去学习并掌握这些新知识和新技术。这不仅增强了他们的自信，也为他们在职场上的表现提供了坚实的支撑。而且，随着学习、实习和实践经验的积累，高职学生会更加明确自己的职业定位和目标。他们不再是一开始对职业世界充满好奇和迷茫的新手，而是逐渐成为有目标、有方向的职场人。他们明白，每一次的学习和实践，都是为了更好地为自己的职业生涯做准备，为自己在激烈的职场竞争中占得一席之地。

随着职业能力的不断提高，高职学生会更加明确自己的职业定位和发展方向。职业能力的提高对于高职学生来说是一个不断深化自身认知和理解的过程。每一次技能的磨砺，每一次知识的积累，都使学生对于职场有了更为清晰的感知和认识。随着能力的不断增强，学生不再是被动地应对工作，而是能够主动地去选择和定位自己的职业路径。这种从被动到主动的转变，是对自己职业生涯的一种掌控和规划。当学生开始明确自己的职业定位时，学生会更加注重自己的兴趣和特长。不再是盲目跟随潮流，或是为了一时的高薪而选择某个职业，而是基于自己的实际情况，选择最适合自己的工作。这种基于自己内心的选择，会让学生更加珍惜每一次工作机会，更加努力地去适应和融入。同时，对职业生涯的规划和发展方向的明确，也会让高职学生更加注重长远的发展。学生要不断地学习和积累，还需要对自己的未来有一个清晰的规划和方向。当学生对自己的未来有了明确的认知和规划，学生的职业自信也会随之增强。

职业能力的培养与提升，也会促使高职学生形成持续学习的习惯。任何时代都强调学习，但在当前的社会，学习的重要性已经被放大到前所未有的程度。在这样的背景下，高职学生更需要形成持续学习的习惯，以确保自己在职业生涯中始终保持领先。持续学习并不仅仅是为了应对当前的工作或是为了解决眼前的问题，更多的是为了培养一种习惯，一种始终与时俱进的态度。这种态度会促使学生始终保持对新知识、新技能的渴求，无论他们处于职业生涯的哪个阶段，都能够迅速地适应环境、掌握新知识，从而确保自己始终处于行业的前沿。当学生在不断地学习、进步时，她就会对自己的能力有更加清晰的认知，对自己的职业前景也会更加乐观。

三、提高工作效率

在这个充满变革与挑战的时代，职业能力的培养与提升已经不再是一个简单的教育议题，而是一个关乎高职学生未来工作效率与职业发展的核心要素。具备一系列高效、实用的职业能力对于高职学生在未来职场中展现出高效率、高产出的工作表现至关重要。

职业能力包括一系列的综合素质，如创新能力、人际交往能力，这些综合素质在实际工作中发挥着至关重要的作用。这是因为在实际的工作环境中，单靠技术或专业知识往往是不够的，如何有效地应用这些知识和技能，如何与团队成员有效沟通，如何面对问题进行批判性的思考，往往决定了一个员工的工作效率和工作质量。创新能力作为综合素质的一部分，在当今复杂多变的工作环境中显得尤为重要。一个具备创新能力的员工，在遇到问题时，不会盲目遵循传统的做法或者他人的意见，而是能够独立地分析问题，找到问题的核心，然后有针对性地提出解决方案。这种能力，无疑会大大缩短问题解决的时间，进而提高工作效率。人际交往能力也是影响工作效率的重要因素。一个能够有效与团队成员沟通、理解并接受团队成员的意见、与团队协同工作达成共同目标的员工，无疑会在团队中发挥更大的作用。而且，良好的人际交往能力可以避免很多不必要的误解和冲突，确保团队工作的顺利开展，从而提高整体的工作效率。

职业能力的培养与提升与高职学生的学习能力与自主学习习惯是紧密相连的。在这个时代，技术和知识的更新速度越来越快，工作环境也在不断变化，这就要求高职学生不仅要掌握现有的知识和技能，还要具备持续学习和自我更新的能力。一个具备良好学习能力的高职学生，可以更容易地理解新的知识和技术，更快速地将其应用于实际工作中。这种快速反应和适应的能力，使得他们在职场中总能够走在技术和知识的前沿，从而提高自己的工作效率。自主学习的习惯则意味着高职学生具备了主动探索和不断求知的动力，他们往往不会满足于现有的知识和技能，而是始终保持一颗好奇心，积极寻找学习的机会，不断地挑战自己。这种主动性和进取心，使得他们在职场中总能够抓住每一个学习和进步的机会，确保自己始终处于最佳的工作状态，从而提高工作效率。

四、保证工作质量

高职学生职业能力的培养与提升，尤其是知识转化能力、专业操作能力、技能提升能力这些专业能力，无疑为学生在未来工作中产出高质量的工作成果奠定了坚实的基础。高职教育应重视对学生职业能力的培养与提升，确保每一位学生都能够在未来的工作中，产出高质量的工作成果。

对于高职学生来说，所学的专业知识往往与实际工作中的需求存在一定的差距。但如果他们掌握了知识转换能力，那么无论面对什么样的挑战，都能够迅速地整合自己的知识，为工作带来实际的帮助。这样，他们在职场上能够灵活运用所学知识，使得工作更具创新性和实效性。此外，知识转换能力还能够帮助高职学生更好地适应职场的变化。在职业生涯中，很多人可能会遇到行业的转型、技术的更新等情况，这时，单纯的知识储备可能已经不足以应对这些新问题。而拥有知识转换能力的人，能够迅速吸收新的知识，将其转化为自己的能力，从而更好地适应职场的变化。

工作质量实际上涉及多方面的内容，其中最直接和核心的便是专业操作能力。高职学生经过系统的专业操作能力培训，可以确保其在走入职场时，迅速适应工作环境，高效地完成工作任务。他们所受的训练不仅仅局限于书本上的知识，更多的是实际操作、模拟实战，这使得他们在面对真实的工作挑战时，可以更加从容不迫。而且，良好的专业操作能力也会给予高职学生自信。当学生清楚地知道自己能够完成某项任务，而且能够做得很好时，其工作积极性和投入度也会相应增加。这种积极的态度和自信，会进一步推动学生在工作中追求卓越，从而提高整体的工作质量。另外，专业操作能力为高职学生提供了更多的发展机会。在职场中，那些能够熟练掌握并运用专业技能的员工，往往更容易得到上级和同事的认可，从而获得更多的晋升机会。而随着职业发展，他们所面对的工作内容和挑战也会随之增加，但如果拥有扎实的专业操作基础，他们便可以更轻松地应对这些工作内容和挑战。

高职学生如果具备了良好的技能提升能力，就能在职业生涯中不断地自我更新。无论是面对新技术、新工具，还是新的工作方法和流程，高职学生都能迅速地学习和适应，从而确保自己的工作始终保持在高质量的水平。这种能力在很大程度上决定了一个人在职场上的生存力和竞争力。具备良好技能提升能力的高职学生，在工作中更容易产生积极的态度和行为。当面对新的挑战时，其不会因为害怕和排斥而退缩，反而会抱着学习和探索的心态去主动应对，寻求最佳的解决方案。这种主动的态度，不仅有助于提高其工作效率，还能促进团队的整体和谐与合作。

第六章 高职体育教学中培养学生职业能力的实践探索

第一节　基于职业需求的教学目标设计

一、职业需求的内涵

所谓职业需求，是指一个人对某种职业的渴求和欲望。这种渴求和欲望，成为一个人职业行为的积极性的源泉。自古以来，人类都有对职业的需求。从原始时代的狩猎采集，到农业社会的农耕文明，再到现代的工业社会和知识经济，每一个阶段的职业需求都是那个时代的产物，与社会环境、文化和经济发展紧密相连。

从职业需求的发生过程来看，主要有以下三种相对应的需求：一是自然性职业需求与社会性职业需求；二是物质性职业需求与精神性职业需求；三是合理的职业需求与不合理的职业需求。职业需求的分类如图6-1所示。职业需求首先来自人类的生存需求。每个人都有为自己和家庭提供食物、衣物和住所的基本需要。这种最基础的职业需求被称为自然性职业需求。这种需求在古代社会中最为明显，但即使在今天，它仍然是许多人选择职业的首要驱动力。随着社会的发展，人们不仅要满足基本的生存需求，还开始追求更高层次的需求，如社交、认同、成就和自我实现。这种需求被称为社会性职业需求。例如，一个人可能选择成为医生，不仅因为医生的职业可以为他提供稳定的收入，还因为他希望通过这个职业得到社会的尊重和认同。物质性职业需求主要关注经济回报，包括薪水、奖金和其他物质利益。许多人在选择职业时，都会考虑这一方面。精神性职业需求则关注工作的意义、成就感和满足感。例如，一位艺术家可能不太关心自己的经济回报，但他深受自己创作的艺术品所带来的满足感和成就感的驱动。合理的职业需求基于个人的能力、兴趣和价值观，与个人的长期发展目标相一致，能够为个人带来持续的满足感。而不合理的职业需求往往基于短视、冲动或他人的期望，可能导致个人在职业生涯中经常感到不满足或迷茫。

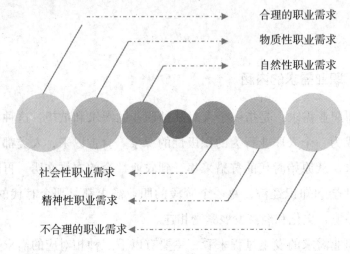

图 6-1　职业需求的分类

二、职业需求对高职体育教学目标的影响

职业需求是现代社会发展的必然产物，它反映了社会、经济、文化等多方面的变革与发展。在高等职业教育中，体育教学作为培养学生身心健康、促进其全面发展的重要组成部分，也受到了职业需求的深刻影响。

随着社会对于人才的综合素质要求的不断提高，体育锻炼已经超越了单纯的身体健康的边界，逐渐成为一种培养学生软实力的手段。首先，体育锻炼可以培养学生的团队协作能力。在团体运动中，学生必须学会与队友合作，为团队的整体利益而努力，才能在团体运动中取得成功。其次，体育锻炼可以培养学生的竞争意识。通过激烈的比赛，学生会意识到只有通过不断努力，才能在竞争中脱颖而出。再次，体育锻炼是培养学生毅力和抗压能力的有效手段。面对失败或挫折，学生要学会坚持不懈，不断尝试，从而培养出坚韧不拔的精神。因此，高职体育教学的目标已经不能仅仅满足于"身体上的健康"。在现代社会，企业对学生的职业素质和职业技能的要求日益严格，学生不仅要有健康的体魄，更要具备协作、竞争、毅力和抗压等多方面的软实力。而体育锻炼，正是培养这些软实力的最佳途径。因此，高职体育教学应更加重视培养学生的职业素质和职业技能，与时俱进，满足现代社会的需求。

三、基于职业需求的高职体育教学目标的设置原则

为了更好地满足不同专业学生的职业需求，高职体育教学目标的设置要遵循一定的原则，如图 6-2 所示。

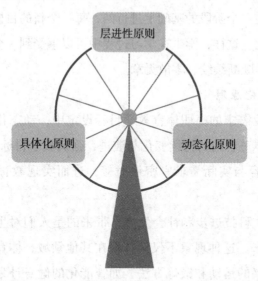

图 6-2　基于职业需求的高职体育教学目标的设置原则

（一）层进性原则

层进性原则强调的是在整个教学过程中，教师的教学目标应当按照

一种从浅入深，从简单到复杂的逻辑进行布局和实施，使学生能够在一个有序、连续的体系中逐步形成和完善自己的职业素质和技能。

在高职体育教学中，教学目标的设置首先应当基于学生的初级需求和现有能力。这是因为大部分高职学生已经具备了一些基础的体育知识和技能。随着教学的深入，仅仅依赖这些基础知识和技能已经不能满足职业发展的需求。层进性原则此时体现为对教学目标的升级和拓展。例如，原本的教学目标可能只是让学生掌握一种简单的运动技巧，但在进一步的教学中，这一目标可能会扩展到使学生能够根据实际情境去灵活运用这种技巧，或是将其与其他技巧结合起来完成更为复杂的任务。因此，职业需求导向下高职体育教学目标的设置要遵循层次性原则，由浅入深、层层递进。另外，层进性原则要求高职体育教学目标在整个教学过程中保持连续性和一致性。即在不同的教学阶段，虽然教学目标可能会有所变化，但这些变化都是在前一个阶段的基础上进行的，每一个新的目标都是前一个目标的延续和深化。这样，学生在学习过程中可以感受到一个清晰、有逻辑的进展，而不是断断续续、零散无章。

（二）动态化原则

在基于职业需求的高职体育教学目标设定中，动态化原则着眼于社会、职业和个体三者间的持续变化与演进，强调教学目标的调整和更新，以确保教育内容与实际需求紧密地对接，进而实现教育与实践的无缝衔接。

当今社会，科技进步和社会发展，带来的是人们对生活质量和工作效率的不断追求。这种现象不仅仅体现在其他领域，体育行业也经历了一场革命。新兴的运动和锻炼方法，如智能化的健身计划、虚拟现实健身等，已经成为当下热门。新的健康观念，如强调心理健康与身体健康之间的平衡，更是改变了人们对运动的看法。此外，科技的融入，如智能手环、健康监测应用等，也为人们提供了更加科学和精确的身体数据，使运动和锻炼更加量化和个性化。这些新的观念和技术无疑为体育教学带来了新的挑战和机遇。对于高职体育而言，传统的教学目标和方法可能已经无法满足现代社会的需求。学生不仅仅需要学会基本的体育技能，更需要了解如何利用现代技术来提升自身的锻炼效果和健康水平。学生需要具备在不断变化的环境中调整自己锻炼方法的能力。这就要求高职体育的教学目标必须是灵活的，能够及时适应社会和技术的变化，确保学生能够获得最前沿的知识和技能。只有这样，学生才能在毕业后真正地适应社会，成为既有体育素养，又具备健康观念的人。

动态化原则对教育者提出了两点要求，第一，动态化原则要求教育者对行业和职业的发展趋势有深入的了解。只有对这些发展趋势有所把握，才能够确保教学内容与实际需求保持一致。例如，如果某一行业开始重视员工的心理健康和团队协作能力，那么高职体育的教学目标就应该进行相应调整，应该加大对这些方面的培训和教育。第二，动态化原则要求教育者对学生的个体差异和发展进行持续关注。每个学生的身体素质、兴趣和职业规划都是独特的，这就要求教学目标在一定程度上具有个性化。通过对学生的持续评估和反馈，教育者可以对教学目标进行微调，确保它们与学生的实际需求和发展目标保持一致。

值得注意的是，动态化原则并不意味着教学目标的随意变动。相反，教育者要在保证目标的稳定性和连续性的基础上，对其进行有针对性的调整和更新。这既可以确保学生在整个学习过程中获得连续和一致的体验，又可以确保学生的知识和技能与实际需求保持一致。

（三）具体化原则

在职业需求导向下，高职体育教学目标的设定应坚持具体化原则，即教学目标应该是明确的、可衡量的，并与学生的未来职业需求紧密相关。

具体化原则强调高职体育教学目标的明确性和清晰度，以确保学生清楚地知道他们所追求的是什么。在高职体育教学过程中，如果教学目标设置模糊或宽泛，可能会产生一系列问题。一是学生可能会对学习产生困惑和迷茫，因为他们不知道应该努力达到什么样的水平或标准。这样的困惑可能会使学生在学习过程中产生疑虑，甚至对学习产生厌倦，导致学习热情的下降。二是模糊的目标使教育者在教学设计和资源配置上缺乏明确的方向。例如，教材选择、课堂设计、评估方法等都可能因为教育者缺乏明确的目标而变得随意，这可能导致教育资源的浪费和教学效果的降低。更重要的是，没有明确的目标，教育者和学生都无法准确地评估学习的进展和成果，也无法及时调整学习策略和方法，从而影响学习效果。当教学目标具体和明确时，学生可以清楚地知道自己所追求的是什么，以及所学的内容与未来的职业和生活有什么关系，这有助于学生建立对学习的信心和兴趣。具体的目标也使教育者在教学设计、资源配置和评估上能得到明确的指导，从而提高教学效果。更重要的是，明确的目标为教育者和学生提供了一个明确的评价标准，使他们能够准确地评估学习的进展和成果，及时调整学习策略和方法，从而更好地促进学生的学习和发展。

具体化原则还强调高职体育教学目标的可衡量性，因为教学目标为教育者和学生提供了一个明确的标准，使之能够准确地判断学习的效果和进度。没有可衡量的目标，学习过程就可能变得模糊和目的不明，学生难以知道自己的实际进展，教育者也难以判断学习方法的有效性和针对性。在高职体育教学中，具体而可衡量的目标能够鼓励学生更有目的地进行训练和锻炼。例如，当目标被设定为"学生能够完成 5 公里的长跑，用时不超过 25 分钟"时，学生能够明确知道自己的训练目标，并为之制订相应的锻炼计划。这种明确性不仅可以提高学生的学习动机，还可以使他们更容易调整和优化自己的锻炼策略。

四、基于职业需求的高职体育教学目标及其内容

高职教育着重培养应用型人才，以满足现代产业发展和社会进步的需要。基于高职教育人才培养的特点，高职体育教学目标应紧密结合学生的职业发展需求，注重培养学生的身体健康和实用的职业技能。具体

而言，高职体育教学目标可划分为显性目标和隐性目标。显性目标作为主要目标，主要包括现时身体健康目标、未来职业实用身体健康目标、终身体育目标。隐性目标作为次要目标，主要包括心理健康目标、认知策略和智慧技能目标。为了达到这些目标，高职体育课程内容应将认知内容与实践活动相结合。这样，学生不仅能够掌握相关的体育知识，还能通过实践活动培养和锻炼自己的身体素质。鉴于高职专业众多，学生未来从事的职业性质各异，高职体育教学目标应更多地考虑学生的身体健康和职业能力需求，而不仅仅是运动技能的习得。基于职业需求的高职体育教学目标的内容如表 6-1 所示。

表 6-1 基于职业需求的高职体育教学目标的内容

一级教学目标	二级教学目标	三级教学目标
现时身体健康目标	体能目标	强健身体素质
	体育文化素养目标	1. 理解体育运动与体能、身体、心理健康的关系 2. 掌握科学体育锻炼的知识与方法 3. 理解体育运动与社会适应性的关系 4. 掌握合理膳食与身体健康的方法 5. 对身体健康状况进行自我评价，并制定运动处方 6. 掌握体育卫生保健的知识与方法 7. 掌握运动损伤的预防与康复知识
	专项运动技能目标	1. 掌握 1—2 项专项运动技能 2. 掌握相关运动技能 3. 知晓相关运动项目的锻炼价值 4. 掌握专项运动相关知识
职业实用性身体素质目标	发展与相关的身体素质与运动技能	1. 提高上下肢的力量 2. 提高有氧耐力 3. 提高身体柔韧性

续　表

一级教学目标	二级教学目标	三级教学目标
终身体育目标	体育文化素养目标	1. 理解体育运动与体能、身体、心理健康的关系 2. 掌握科学体育锻炼的知识与方法 3. 理解体育运动与社会适应性的关系 4. 认识合理膳食的重要性 5. 对身体健康状况进行自我评价，并制定科学的运动处方 6. 掌握体育卫生保健的知识与方法 7. 学会如何预防运动损伤，掌握相关康复知识
	专项运动技能目标	1. 掌握 1—2 项专项运动技能 2. 掌握相关运动技能 3. 认识相关运动项目的锻炼价值 4. 掌握专项运动相关知识
	体育态度目标	1. 体育运动价值观认知 2. 体育运动乐趣认知 3. 体育运动成功体验
心理健康目标	心理调控目标	1. 体验各种情绪活动，学会调控自己的情绪 2. 体验失败活动，提高心理承受能力 3. 体验竞争与合作，树立正确的竞争观和合作观
	社会适应目标	1. 了解各种社会生活方式，树立正确的价值观 2. 参加团体竞争与协作活动，提高集体意识和团队合作能力 3. 参加社会体育活动，释放压力、舒缓焦虑和抑郁情绪
	道德培养目标	1. 了解相互尊重、遵守规则、公平竞争等体育行为规范 2. 磨炼意志 3. 树立民族意识、爱国意识
认知策略与智慧技能目标	策略性知识目标	1. 掌握运动技能学习方法 2. 掌握体育知识学习方法
	智慧技能目标	1. 掌握相关运动概念 2. 学会运用各种战术

五、基于职业需求的高职体育教学目标实现的建议

对于高职教育而言，在设定体育课程教学目标时，以职业需求为导向是职业教育发展的必然选择，也是以学生为本的重要体现。在具体实施过程中，高职体育教学要从学生的身体素质和职业能力双重提升的角度出发，设定合适的教学目标。为了确保学生在毕业后具有一定的就业竞争力，学校必须注重培养和提高学生的身体素质和职业能力。相较于专业理论课程，体育课程在学生的体能和心理素质培养方面占有不可动摇的地位。从学校管理层到教研组，再到一线的体育教师，都应形成一致的理念。只有当整个教育团队都对以职业需求为导向的思想有深刻理解和高度共鸣时，这种思想才能真正渗透到体育教学的各个环节中。设计和实施的课程应始终紧密围绕教学目标，确保其内容和方法都能有效提高学生的就业能力。

为了促进教学目标的实现，学校、教师和学生需要共同努力。首先，学校要确保体育教学在其整体教学体系中占据重要位置，确保合适的课时安排、提供先进的教学设施，并确保拥有高质量的师资队伍。通过投入必要的经费和政策支持，学校不仅要为体育教学提供保障，还应鼓励教师对于校本课程进行研发与创新。对于教师而言，持续的专业成长与能力提升同样关键。学校应鼓励体育教师进行专题研究、培训和进修，这样不仅能够确保教师的教学水平与时俱进，还能为学生提供更加丰富和有深度的体育课程内容。为了进一步拓展学生的体育实践空间，学校还可以通过成立各种体育社团和组织校内外体育竞赛，为学生提供更多的实践和锻炼机会。其次，体育教师站在教育实践的前线，在教学目标的实现上扮演着至关重要的角色。体育教师应该秉持先进的教学理念，强化自身的责任意识。特别是在高职院校中，这一点显得尤为重要。与普通高校相比，高职院校注重培养的是具有专业技能、能够直接对接工作岗位的人才，因此，体育教师需要更为深入地了解学生所学专业的具

体特点和将来的职业方向。为了达到这一目的，体育教师应深入研究不同专业领域的社会需求和学生的就业现状，从而为学生提供更有针对性的指导。而当体育教师制定教学目标时，还需要充分考虑学生的体能状况和认知能力，确保教学目标既有追求，又是切实可行的。不得不提的是，教学目标的制定不能仅仅停留在纸上，而是需要在实际教学中得到贯彻和执行。教师不仅要确保教学目标与职业需求紧密结合，还要关注每位学生的个体差异，以满足学生的个性化发展需求。最后，学生不仅是接受教育的对象，还是教学目标的主体。为了更好地实现体育教学目标，学生需要充分发挥自己的主观能动性，对体育教学有一个清晰且正确的认识。过去，很多学生可能会认为体育课仅仅是一种放松和娱乐的方式，这种观念需要得到纠正。学生应当从职业规划和未来工作需求的角度去理解和对待体育教学，把体育学习视为一个提高自己就业技能，同时增强身体健康的重要途径。

第二节　基于就业导向的教学内容安排

一、就业导向下对高职体育教学内容的新要求

（一）教学内容要与职业特点相结合

在就业导向下，高职体育教学内容为了适应时代和社会的变化与发展，需要不断地进行调整，以确保教学内容的特点与职业特点相吻合。教学内容特点与职业特点的吻合，一方面可以满足教育的职业性，另一方面可以帮助学生更好地适应未来的职业生活。高职教育的主要初衷是培养具备一定技能和素质的职业人才，满足社会和产业发展的需要。因

此，高职体育教学的内容不应只停留在传统的体育技能训练和健康教育层面，而应该深入职业技能和素质的培训中。为了实现这一目标，高职体育教学内容必须进行深度的整合和创新，使之与职业特点相结合。

（二）教学内容要具有一定的超前性、预见性

高职体育教学的主要目的在于培养学生具备满足未来职业需求的身体素质和心理素质。在这样的背景下，为了更好地提高学生的职业能力，高职体育教学内容必须具有一定的超前性和预见性。这意味着高职体育教学不仅要满足学生当前的需求，还要预测到未来的职业发展趋势，以及由此带来的新挑战。

当今社会，科技的飞速发展和职业领域的不断创新，使得人们的工作模式和生活方式也发生了巨大的变化。这些变化不仅为人们带来了新的机会，也带来了新的风险。

二、基于就业导向的高职体育教学内容设置的原则

（一）可接受性原则

高职体育教学内容设置的可接受性原则，是指在设计和实施体育课程时，必须充分考虑学生的接受能力、兴趣、需求以及身心特点，确保教学内容既符合学生实际，又能激发学生的学习动力，从而达到教学的最佳效果。

首先，从学生的接受能力来看，高职学生的年龄、学习背景和身体状况多样，这就要求体育教学内容的难易程度要适中，要让不同层次的学生都能够接受。如果教学内容过于简单，就不能很好地促进学生能力的提升；如果教学内容过于复杂，又会让学生感到力不从心，进而影响学习的积极性。因此，教师需要根据学生的实际情况，调整教学内容和难度，使之既有挑战性，又不至于让学生望而却步。其次，高职体育教学内容的设置还要兼顾学生的兴趣。学生的兴趣是学习动力的重要来源。体育教学应通过多样化的教学内容和形式，满足学生对体育活动的好奇

心和探索欲，从而提高他们参与体育活动的积极性。例如，可以通过设置足球、篮球、羽毛球等热门体育项目，让学生在享受运动乐趣的同时，增强体育锻炼的兴趣和持续性。再次，体育教学内容的可接受性需考虑学生的实际需求。对于以就业为导向的高职教育来说，体育教学不仅要关注学生身体素质的提高，更要着眼于提升学生的职业竞争力。因此，体育教学内容可以包含一些能够增强学生团队协作能力、应急反应能力和抗压能力的项目，如团队竞技、户外拓展等，这些都是学生在未来职场中所需的极为重要的能力。最后，体育教学内容的设置应顾及学生的身心特点。体育教学应该注重学生身心健康的全面发展，例如，可以结合学生的生理特点开展有助于身体发育的体育活动。

（二）多样性原则

基于就业导向的高职体育教学内容设置的多样性原则，强调在教学过程中应兼容并蓄，涵盖多种体育项目和形式，以适应不同就业需求和学生个体差异，促进学生的全面发展。这一原则是对传统体育教学模式的重要补充和发展，旨在通过多样化的教学内容，为学生提供全方位的身体和心理素质培养，以适应日益变化的职业市场。

在实施多样性原则时，一是要注重教学内容的广泛性。高职体育教学不应仅仅局限于传统的运动项目，而应扩展到健身操、舞蹈、武术、户外探险、体育舞蹈等丰富多彩的项目，这样既能够满足不同学生的兴趣和需求，又能够帮助学生掌握更多的运动技能，为其将来的职业生涯提供更多的可能性。二是注重教学方式与手段的创新。除了常规的教学模式，高职院校还可以引入现代信息技术，如网络教学、虚拟现实技术等，使体育教学更加生动、直观，增强学生的体验感和参与感。

（三）可实践性原则

基于就业导向的高职体育教学内容设置的可实践性原则，着重强调教学内容的实用性和操作性，意在确保学生能够将学到的知识和技能转化为实际可执行的行动，进而在未来的职业生涯中得到有效运用。这一原则体现了职业教育的核心价值——培养学生的实践能力，使之符合行业对于专业技能的具体要求。

在可实践性原则指导下，体育教学内容不再是抽象的理论传授，而是紧密结合职业实际，关注学生如何在真实或模拟的职业场景中应用体育技能。例如，如果学生的未来就业方向与体育教学、体育训练有关，那么高职院校的体育课程就应该包括如何设计和实施针对不同人群的体育教学方案、如何运用科学的训练方法提高运动员的体能和技能等实践内容。教师在授课时，应以培养学生的实际操作能力为重点，采取更多的实操训练、案例分析和模拟实习等教学方法。通过这些实践活动，学生能够直接接触到体育行业的实际工作，如运动场馆管理、体育赛事策划等，从而理解和掌握必需的职业技能。另外，可实践性原则还要求课程内容具备一定的灵活性，能够根据行业发展和技术进步及时更新。以适应不断变化的就业市场的需要，保持教育内容与职业实践的紧密连接。在此过程中，学生不仅能学习最新的体育科学知识，而且还能够通过实践学习如何解决实际工作中遇到的问题。

三、基于就业导向的高职体育教学内容设置方法

（一）职业体能需求导向下的体育教学内容设置

当高职学生步入社会后，由于不同职业的特性，其不仅需要拥有专业的技能，更需要有良好的身体素质和心理承受能力，以满足各类岗位的工作要求。在职业领域中，工作人员在岗位工作期间需要的身体能力被称为职业体能。职业体能并非一成不变，而是根据不同的岗位要求而有所差异。针对职业体能进行职业分类，可将其分为五种职业姿态类型，分别为静态坐姿（文案型）、静态站姿（交往型）、流动变姿（活动型）、工厂操作（操作型）及特殊岗位（高能型）。鉴于不同职业的不同特点，在进行高职体育教学的内容设置时，需要按照如下内容展开。

1.静态坐姿类职业体能需求下的体育教学内容设置

静态坐姿类的职业，如程序员、设计师和行政助理，往往需要长时间坐在办公桌前进行工作，这使得从事此类工作的人容易受到肩颈部疲劳、腰背部不适以及腕部压力等健康问题的困扰。因此，对于准备从事这类职业的高职学生，体育教学内容不仅要注重提高学生的身体素质，还需要有针对性地增强其肩颈、腰背和腕部的肌肉力量和灵活性。为了达到这一目标，体育课程设置应当综合考虑各种有益于锻炼这些部位的运动。第一，篮球和乒乓球等群体运动课程是很好的选择。篮球不仅可以增强全身肌肉，还能提高手腕的灵活性和力量，乒乓球可以锻炼腕部和肩颈部的敏捷性和协调性。这些运动在锻炼身体的同时，也能培养学生的团队合作精神和竞技心态。第二，为了更加有针对性地锻炼学生的肩颈部、腰背部和腕部，可以引入健身跑、广播体操和健美操等课程。健身跑能有效锻炼学生的心肺功能和腿部肌肉，也能帮助学生放松腰背部的肌肉；广播体操和健美操则能通过有序的动作组合，对身体的各个部位进行全面的锻炼，特别是对于肩颈和腰背部的拉伸和放松。

2.静态站姿类职业体能需求下的体育教学内容设置

静态站姿类职业，如零售业销售员、导购员和展厅接待员，这些职业往往要求从业者长时间站立工作。长时间的站立对肩部、背部，以及下肢都提出了极大的挑战。工作中，肩背的力量有助于工作者保持正确的姿态，避免因长时间站立产生的腰背疼痛。强健的下肢则能够确保工作者长时间站立而不易疲劳。此外，忍耐力在这类工作中也是至关重要的，因为工作人员经常需要在一天之内长时间保持站立状态。

篮球作为一项集体竞技活动，不仅能够锻炼学生的全身肌肉，特别是下肢和肩背，还能增强学生的团队合作精神和竞技心态。频繁地起跳、冲刺和防守动作都能锻炼学生的下肢力量。投篮、传球等动作需要用到肩背的力量，这对于静态站姿类职业的工作者来说是非常有益的。

3.流动变姿类职业体能需求下的体育教学内容设置

流动变姿类职业涵盖了众多工作领域，如物流配送员、巡检人员和部分医疗工作者等，这些人员在工作中经常需要移动、弯腰、蹲下、转身等。这样的工作对人的忍耐力的要求很高，因为这类人员经常需要长时间在不同的环境和姿势中进行劳动。下肢的力量也同样关键，因为移动和变换姿态时，大部分的支撑和动力都源于下肢。为了锻炼下肢的力量，人们需要进行体育锻炼。首先，足球是一个极佳的选择。足球运动要求运动员在场地上长时间跑动，这不仅能够培养学生的忍耐力，而且还能够锻炼他们的下肢肌肉。与此同时，足球中的各种动作，如射门、传球、抢断等，都需要身体快速地反应和良好的协调性，这些对于流动变姿类职业的工作者来说都是非常有益的。其次，健身跑可以帮助学生进行持续的心肺锻炼，同时增强学生的下肢力量。通过有规律的跑步训练，学生不仅可以增强体质，提高忍耐力，而且还能够使下肢肌肉更为结实，提高工作效率。

4.工厂操作类职业体能需求下的体育教学内容设置

工厂操作类职业的工作人员面临的工作环境和任务常常是多变的，工作人员需要在生产线上迅速、准确且持续地完成操作。这样的工作环境对工作人员的身体耐力、灵敏度和综合力量都提出了较高的要求。长时间的站立、频繁的操作和间歇性的提举都对工作者提出了一系列的挑战。

首先，广播操作为一种集体性的有氧运动，能够很好地锻炼学生的身体耐力和协调性。广播操中的每一个动作都需要与音乐的节奏相匹配，这样的要求不仅可以培养学生的灵敏度，还可以提高他们的反应速度。同时，广播操中的各种动作还能全面锻炼学生的身体，尤其是对于身体的综合力量的培养。其次，舞蹈可以提高学生身体的柔韧性和协调性。舞蹈中的各种跳跃、旋转和伸展动作，都需要学生具备很高的身体灵敏度。而且，舞蹈对于肌肉的综合锻炼和身体的柔韧性培养也有很好的效果，这对于需要长时间站立和进行复杂操作的工厂工作者来说尤为重要。

因此，对于工厂操作类职业体能需求的学生而言，广播操、舞蹈是非常适合的教学内容，可以确保他们在步入工作岗位时，具备足够的体能去应对各种挑战。

5. 特殊岗位类职业体能需求下的体育教学内容设置

特殊岗位类职业的体能需求往往与其职业特性紧密相关。以警察为例，其工作性质要求其在各种环境中迅速、准确地做出反应，无论是追捕犯罪分子还是进行其他紧急救援，都需要拥有出色的速度、忍耐力和力量。同时，身体的灵活性和对突发情况的应变能力也是至关重要的，因为在实际工作中，从事特殊岗位的工作人员可能会面临各种未知的挑战。

在特殊岗位类职业体能需求下，高职体育教学内容可以引入以下内容，第一，足球作为一种高强度的团队运动，可以有效地锻炼学生的速度和灵敏应变能力。在足球比赛中，球员需要迅速地对球场上的变化做出反应，这样的训练可以帮助警察学员提高其在实际工作中的反应速度。同时，足球比赛中的拼抢和跑动，还可以增强学员的身体忍耐力和力量。第二，篮球训练可以提高学生身体的灵活性和综合能力。在篮球比赛中，球员需要进行各种高难度的动作，如跳跃、转身和急停，这些动作都对球员的身体灵活性和应变能力提出了很高的要求。这样的训练，对于警察这一职业的体能需求来说，是非常有益的。第三，健身跑不仅可以锻炼学员的心肺功能，提高耐力，还可以提高其长时间工作的能力。长距离的健身跑可以帮助学员培养坚韧不拔的意志，使他们在面对工作中的困难时能够坚持下去。

（二）职业发展需求导向下的体育教学内容设置

为了确保学生更好地适应职业发展，高职体育教学内容还要以职业发展需求为导向进行科学设置，以满足学生的职业发展需求。

1. 静态坐姿类职业发展需求下的体育教学内容设置

静态坐姿类职业特别强调了工作者在长时间的坐姿中保持精神集中的能力，尤其是那些需要细致办公或进行精细计算的工作。这种长时间的静态工作方式，无疑会导致工作者身体活动量的显著减少，长此以往容易导致身体健康问题，如颈椎问题、腰椎问题、肩部疲劳等。因此，为这类工作者制定合适的课程内容尤为关键。进行高职体育教学设计时，比较适宜的课程内容为评分类、技能主导类体育运动。

评分类体育项目如羽毛球或乒乓球，不仅能为参与者提供足够的身体活动，还能够锻炼参与者的反应能力。这类活动要求参与者在身体运动的过程中保持对目标的集中，与坐姿类职业的集中精力特点相辅相成。技能主导类运动，如射箭或击剑，更是对精准度和技巧的考验，需要参与者在练习中不断地对技巧进行完善和调整，与静态坐姿工作者在细致办公中追求完美相似。命中类项群体育，如篮球或排球，注重在动态环境中达到目标的能力，能够有效地锻炼工作者的身体协调性和灵敏度。

2. 静态站姿类职业发展需求下的体育教学内容设置

静态站姿类职业通常要求工作者在工作时维持长时间的站立状态，这样的持续站立不仅对人的下肢肌肉和骨骼结构产生压力，而且还可能导致其身体疲劳、下肢血液循环不畅等问题。因此，为这一类职业配置的体育教学内容应考虑到工作中的这些特点，尽量选择技能主导类、对抗性较强且体能主导性较强的项群课程。

技能主导类运动如排球、乒乓球，除可以锻炼身体的反应速度和手眼协调能力外，还能增强下肢的支撑和爆发力，帮助工作者更好地应对长时间站立的工作状态。这类运动在对抗中强调技巧与策略的使用，对于锻炼工作者的决策能力和应变能力也有很好的效果。对抗性较强和体能主导性较强的项群课程，如篮球或足球，不仅可以有效锻炼身体的耐力和爆发力，还可以增强心肺功能，提高心血管健康。此外，这类运动在团队合作中对个体的意识、判断和配合能力提出了更高的要求，对于培养工作者的团队合作精神和沟通能力也大有裨益。

3. 流动变姿类职业发展需求下的体育教学内容设置

流动变姿类职业通常要求工作者进行频繁的身体姿势变化和移动，

这意味着工作者需要具备出色的身体灵活性、协调性和持续的劳动耐力。这种职业往往涉及持续的身体活动，可能包括快速移动、弯腰、抬起或搬运物品等。因此，针对这类工作的特点，体育教学内容的设计应尽量围绕有氧、耐力以及体能主导类型的训练项目展开，确保学生能够满足相应的身体需求。

有氧训练，如长跑、跳绳或有氧舞蹈，可以帮助工作者提高心肺耐力，确保工作者在长时间的劳动过程中仍能保持高效的工作表现。这些有氧活动能够增强工作者的心肺功能，提高血液循环效率，从而确保其身体在高强度工作中获得充足的氧气供应。耐力训练主要集中在锻炼工作者持续劳动的能力上，例如，中长距离跑步、游泳或自行车骑行。这些活动不仅能够帮助工作者提高肌肉的耐力，还能增强其关节的稳定性和韧带的弹性，使工作者更能适应各种物理活动的需求。体能主导的训练项目，如障碍课程、间歇性训练或核心力量训练，可以为工作者提供必要的身体强度和稳定性，使其在进行高强度或复杂的身体活动时能够保持良好的身体状态。这类训练不仅能强化工作者的肌肉力量和爆发力，还能提高其身体的协调性和平衡感，确保工作者在不断变化的工作环境中始终保持最佳状态。

4.工程操作类职业发展需求下的体育教学内容设置

工程操作类职业要求工作者进行高精度的手部操作和细致的技能执行，这意味着他们必须具备出色的手指灵活性、手眼协调能力和细节处理技能。手指的精细动作和灵活性在这类工作中尤为关键，因为很多工程操作需要准确无误地完成，任何微小的失误都可能导致操作失败或产生不良后果。因此，体育课程内容的设计要尽量选择命中率训练或是得分类训练项群课程，确保学生能够对自己的手指进行足够的锻炼，以满足职业需求。

命中率训练课程，如射击、射箭或飞镖，可以有效地锻炼学生的手眼协调能力。这些活动要求学生在移动或静止的状态下精确地命中目标，这种训练不仅能够锻炼他们的目标定位和集中注意力的能力，还能增强他们手指的灵活性和控制力。此外，这类课程还可以培养学生的耐心和专注力，这对于需要进行精细操作的工作是至关重要的。得分类训练项目，注重精确度和反应速度，如乒乓球、羽毛球或手球，这些运动要求学生在高速移动的环境中能对球进行准确的控制和打击，这对于手指力量和灵活性的培养尤为重要。同时，这类训练还可以增强学生的手部和腕部肌肉，使其更具有力量和稳定性。

5. 特殊岗位类职业发展需求下的体育教学内容设置

特殊岗位类职业的特性往往要求工作者具备卓越的人际交往能力、高度的警觉性和迅速的应变能力。这些工作人员经常与大众直接互动，他们的举止和态度都直接影响着他们与他人的交往效果，同时，他们也可能经常面对一些突发的、需要迅速反应的情境。因此，特殊岗位类职业发展需求下的体育教学内容应选择技能主导的格斗型、对抗型体育项目。

如柔道、跆拳道、拳击或击剑，可以为工作者提供一系列的技能和心理素质训练。这些运动都要求参与者具有出色的身体协调性和灵活性，这些技能不仅有助于提高其在紧急情况下的反应速度，还可以增强其身体语言的自信和从容。在实际交流中，一个稳定且自信的身体语言往往更容易获得他人的信任和尊重。格斗和对抗运动可以培养工作者的心理韧性和压力应对能力。面对对手，参与者需要保持冷静、集中精力并快速作出判断。这种心态可以帮助他们在实际工作中更好地应对突发情况，以稳定的心态面对各种挑战。

四、基于就业导向的高职体育教学内容实现的建议

培养学生的职业能力是高职院校的重要教学目标，并且由于高职教育的时间相较于普通高等教育较短，因此学生在校内学习的时间较为短暂，在这一前提下，高职院校的大部分课程往往都是为了提高学生的职

业技能服务，而体育作为一门公共课，虽然每个专业都有开设，但是其无论在教学目标还是教学方法上都并无区别，这就导致高职院校的体育课程和其他专业课程产生割裂，并且体育教学与专业技能教学的脱节也会让学生产生错误认知，因而对体育活动的参与积极性不强，体育锻炼的成果也十分有限。而要想在体育教学中提升学生的职业能力和体育素养，就必须将教学内容与专业技能教学相结合，尤其要凸显专业之间的特色，在体育教学的方向上凸显专业性。例如，在与旅游相关的专业中，体育活动要以攀岩、登山等为主；在与船舶维修有关的专业中，体育活动要以游泳为主。以此将专业特色融入体育教学中，使得体育活动与学生的专业相贴合，进而提高学生对体育活动的重视程度，提高对体育教学的参与积极性。通过职业化的体育教学，学生也能更加直观地判断自己是否适合这个专业，能否胜任未来的岗位工作，以此帮助学生有更加清晰的规划，同时强化学生的专业技能和身体素质。

第三节　基于岗课赛证的教学模式创新

一、岗课赛证的内涵

岗课赛证中的"岗"指的是工作岗位以及工作岗位对职业技能的需求。在一个快速发展的经济体系中，工作岗位的需求和技能要求也在不断变化。因此，"岗"强调教育教学改革必须以市场和社会的真实需求为依据和方向。教育不仅仅是传授知识，更重要的是培养学生具备适应社会发展的职业技能和素养。"课"指的是包含知识、技能和素质在内的学校课程及教学体系。学校需要确保课程设置与职业技能的需求相匹配，也要注重培养学生的综合素质，使学生在毕业后能够适应复杂的工作环境。"赛"指的是可以用来评定专业能力、检验教学质量、评估专业建设水平的各级各类技能大赛。技能大赛不仅可以评定学生的专业能力，检验教学质量，还能够引导学校优化教学方法，提高培训质量。这些大赛不仅仅是比赛，更是教育教学改革的高端示范和引领，为学生提供了一个展现自己才华的舞台。"证"指的是学生在校期间及毕业后通过考试获得的职业技能等级证书。职业技能等级证书为学生在职业生涯中提供了有力的证明，也是对学校教学质量的一种评价和认同。一个权威、公正的认证体系能够确保学生的技能和知识得到社会的广泛认可。

"岗课赛证"是教育改革的一个创新理念，其背后的初衷是缩短企业与学校之间的距离，确保教育与实际产业发展同步。在快速发展的时代背景下，产业界、教育界、竞赛界和证书界之间的紧密合作和资源整合尤为关键。这种融合不仅可以满足企业的岗位需求，还能确保教育的实际应用性和适应性。产业界（行业企业）为教育界提供了真实的岗位需求和职业标准，为课程设置和教学内容提供了指导方向。教育界（高职院校）可以根据岗位需求和标准，优化教学模式和方法，更好地培养学生。竞赛界（竞赛举办单位）提供了一个检验学生技能和教育质量的平台，不仅能激发学生的学习兴趣，还能推动教育界的改革和创新。证书界（证书评价组织机构）为学生提供了职业技能的认证，增强了他们的竞争力。岗课赛证理念的实施，强调不再单纯依赖传统的教育模式，而是将其与实际的工作和产业发展紧密结合。这样的整合确保了课程的实际性和应用性，也使得学生在学习过程中能更好地理解和应用所学知识。通过这种综合育人新机制和新模式，培养出既有理论知识，又具备实际应用能力的高素质人才，为社会和经济发展作出更大的贡献。

二、岗课赛证教学模式的时代价值

（一）彰显职业教育的类型特征

国务院印发的《国家职业教育改革实施方案》指出，职业教育与普通教育是两种不同的教育类型，其正式确定了职业教育在我国教育体系中是一个单独种类的教育。2022 年，新修订施行的《中华人民共和国职业教育法》首次以法律形式确定了职业教育是与普通教育具有同等重要地位的教育类型。作为一个教育类型，职业教育不同于普通教育，其强调的是技能的培训与实际应用。它贴近市场需求，致力于为社会培养既具备专业理论知识又懂得如何在实际工作中应用的技能型人才。这种教育模式的存在，与现代社会对于技术和技能型人才的日益增长的需求是分不开的。职业教育的独特之处在于强调产教融合和校企合作，力求打破传统的教育与产业之间的界限。这种教育模式鼓励学校与企业紧密合作，从而确保学生在学习过程中不仅获得理论知识，还能够在实际工作中应用这些知识，实现工学结合、知行合一。"岗课赛证"正是在这样的背景下应运而生的一种教学模式。它不仅仅是一个教育理念，更是一个实践框架，强调从工作岗位的实际需求出发，整合资源，通过技能大赛和职业技能证书的方式，确保学生的教育与培训与市场需求高度匹配。这种模式的推广和实施，加强了职业教育的类型特色，使其更加符合技术技能人才的成长规律，是职业教育向类型教育转变的重要路径。

（二）有利于增强职业教育适应性

职业教育作为与经济社会发展关系十分紧密的教育类型，不仅培养了学生的实际技能，助力学生进入职场，还为经济社会发展注入了活力和创新力。对于任何一个追求持续增长与繁荣的社会来说，一个健全、高效且与时俱进的职业教育体系是不可或缺的。岗课赛证教学模式为职业教育注入了新的活力，它不仅紧扣市场的脉搏，还涵盖了育人的核心理念、竞赛的刺激性和标准的严谨性。这种模式为学生提供了一个更广阔、更具深度和广度的学习平台，确保他们在毕业时不仅掌握了必要的理论知识，还具备了实际工作中所需的技能和素质。通过岗课赛证，职业教育得以与产业界、教育界、竞赛界和证书界更加紧密地连接。它将先进的教学标准与现实中的岗位需求、技能大赛标准和职业资格认证要求结合起来，确保了教育的内容和形式都与市场需求相匹配。这种全方位的融合使得职业教育更具弹性，能够迅速调整自己的方向和重点，以满足不断变化的社会和经济需求。

（三）深化产教融合的具体抓手

深化产教融合，使教育链、人才链、产业链、创新链有机衔接，已经成为推进人力资源供给侧结构性改革的主要任务。《国务院办公厅关于深化产教融合的若干意见》中也提出了全面的战略部署。然而，该任务在实际操作中仍然受到体制、机制等多重因素的限制，使得产教融合的落地并不理想，常常呈现出结构失衡、质量欠缺、效益不明显的现象。这些问题的核心在于深化产教融合的策略和手段尚不明确，缺乏真正有力的实施抓手和切实可行的落脚点。而"岗课赛证"教学模式为这些问题的解决提供了很好的思路，努力实现产业和教育在技术、生产、实训、资源和文化等多个层面的真正融合。这不仅使得学生能够更好地适应和服务于实际的产业需求，还为企业提供了更加系统、综合、高效的人才培养和选拔平台。更为关键的是，岗课赛证教学模式为深化产教融合提供了具体、切实、可操作的抓手和方案，使得之前笼统、抽象的策略在具体的实施环节中得以落地和实现。岗课赛证的教学模式，不仅可以更好地满足社会和企业的实际需求，还能够促进职业教育自身的持续创新和升级，真正推动深化产教融合目标的实现。

（四）提升学生专业技能水平

在当下社会，许多高职院校毕业生面临一个尴尬的境地——所学知识与企业真正需要的技能存在明显的断层。这导致了"企业招工难"与"毕业生就业难"的双重困境。其中的核心矛盾在于，很多毕业生所掌握的技能与企业岗位的实际要求之间存在巨大的鸿沟，这使得他们难以得到行业内的广泛认可。为了解决这个问题，岗课赛证教学模式应运而生。它立足于真实的岗位能力需求，重新整合和构建了课程体系，确保教学内容与岗位技能需求紧密对接。技能竞赛在这个模式中扮演了至关重要的角色，通过模拟真实的工作场景，其引领并示范了如何将理论知识转化为实际操作技能。而职业资格证书则为学生提供了一个客观、权威的技能验证方式，它是对学生实际操作能力的一个直接的证明。这种模式不仅仅关注于专业的"硬技能"培训，也非常注重培养学生的职业道德、工作态度以及职业习惯等"软技能"。这些"软技能"在实际工作中同样重要，有时甚至比"硬技能"更为关键。通过这种全方位、多维度的技能培训，岗课赛证教学模式确保了学生的职业综合能力得到了真正的提升，使其更加复合化、标准化和透明化。在这种教学模式的引导下，学生不仅能够更好地满足企业的实际需求，更能在工作中不断地提升和完善自己，实现自己的职业价值和人生意义。

三、基于岗课赛证高职体育教学模式创新的策略

通过将"岗课赛证"四要素相融合，构建需求引领，产学协同理念下的高职体育"岗课赛证"的教学模式，对传统的人才培养方式做出调整，形成"岗课赛证"融通的人才培养模式。通过课岗融合、课证结合、课赛互促，全方位提升高职学生的就业能力，达到为用人单位培养符合岗位需求的高素质应用型技能人才的培养目标。

（一）课岗融合教学模式

课岗融合教学模式的核心思想是，将真实的岗位需求和场景纳入课堂教学中，使学生能够在学习理论的同时，得到真实的实践操作经验。这不仅能够增强学生的实践能力和就业竞争力，也能够使他们更好地理解和应用所学的理论知识。在具体的教学过程中，这种模式强调与企业和行业的深度合作。教师可以邀请企业代表或行业专家进入课堂，为学

生分享真实的工作经验和案例。同时，学校也可以与企业建立长期的合作关系，为学生提供实习、实践和就业的机会，使他们能够在真实的工作环境中，将所学的理论知识与实践技能相结合。

以高职"体育运动训练"专业为例，该专业旨在培养学生具备专业的运动技能和训练知识。传统上，这一专业可能更侧重理论知识和基础技能的学习，如人体生理、运动生物力学以及基础训练方法等。但在课岗融合教学模式下，教学内容则更为贴近实际的运动训练岗位需求。为此，学校可能会与各大体育俱乐部、训练中心等机构建立合作关系。在课程设计中，除了常规的体育技能和理论知识学习，学校还为学生增设了实地训练和实习的机会。例如，学生可能会被安排到某一足球俱乐部，与专业教练一同进行训练课程设计、执行和评估，甚至参与队伍的实战策略布置。此外，来自实际工作岗位的专业教练和运动员也会被邀请到课堂，分享他们的训练经验、挑战以及克服这些挑战的策略。这样的互动不仅加深了学生对运动训练的理解，也为他们提供了宝贵的实践经验。

（二）课证结合教学模式

在传统的体育教学中，学生通常会被引导去学习一系列的专业课程和理论，但其与实际的职业标准和要求可能存在一定的偏差。而课证结合教学模式则强调在课程设置中，明确对接行业内的职业资格标准和认证要求。这不仅能确保学生所学的内容是实用和前沿的，而且能帮助学生更好地为未来的职业生涯做准备。为了实现这一模式，高职院校需要与职业资格认证机构建立紧密的合作关系。通过这种合作，学校可以确保其课程内容与职业资格标准保持一致，并为学生提供相关的考证机会。在学习过程中，学生不仅会深入学习理论知识，还会在实际操作和应用中，接受职业资格培训和考核。为了满足职业资格证书的要求，学生还需要进行大量的实践活动。例如，在体育训练与管理专业中，学生可能需要组织和管理一次体育赛事，或者为一支体育队伍制订和执行训练计划。这样的实践活动不仅可以帮助学生巩固所学的理论知识，而且可以培养他们的实际操作能力和团队协作能力。

以高职护理专业为例，该专业的学生在日常工作中需要承受一定的体力和精神压力。从患者的转移、急救操作到长时间站立，护士需要良好的体能和心理素质来确保患者的安全和提供高质量的医疗服务。因此，体育教育对于护理专业学生至关重要。在课证结合教学模式下，护理专业的体育课程不仅要重视基础体能训练，还可以有针对性地设计与护理实际工作相结合的训练项目。例如，学生可以通过模拟患者转移的体能训练，学习正确的姿势和技巧，防止工作中的受伤风险。同时，课程还包括了心肺复苏、突发情况下的快速反应和其他与急救相关的体能训练。此外，结合职业资格证书的考核，学生还需要完成一系列的体能测试和实际操作考核，确保他们具备在实际工作中所需的体能和技能。这不仅能帮助学生更好地应对工作中的挑战，也为其增加了竞争优势。

（三）课赛互促教学模式

在高职体育教学中，课赛互促教学模式的引入可以说是非常具有针对性和实效性的。首先，体育本身就具有很强的实践性和竞技性，通过参与体育竞赛，学生可以更好地理解和掌握体育理论，也能够提高自己的体育技能。其次，参与体育竞赛还可以培养学生的团队协作精神、挑战精神和竞技精神，使他们在体育课堂上所学到的不仅仅是技能和知识，更多的是一种健康的人生态度和积极向上的人生观念。从教学管理的角度来看，课赛互促教学模式的引入也为教师提供了更多的教学手段和方法。传统的体育教学往往注重技能的教授和训练，而忽略了学生的实际操作能力和竞技水平的培养。而通过课赛互促教学模式，教师可以将体育理论和实践有机结合，使学生在课堂学习的同时，也能够参与到真实的竞赛中，从而达到理论与实践相结合的教学效果。

以"旅游管理"专业为例，该专业的学生需要掌握一系列与旅游相关的知识和技能，其中包括与客户的沟通、旅游产品的推广、景区管理等。但同样重要的是，作为一名旅游管理者，身体健康、具备一定的户外运动技能也是非常关键的。通过应用课赛互促教学模式，如当学生在课堂上学习了关于徒步旅行的知识时，教师可以组织一次实际的徒步旅行，让学生亲自去体验。帮助学生在锻炼体能的同时，也让他们了解到实践过程中可能出现的问题，从而提升他们的问题解决能力。

（四）岗课赛证教学模式

职业教育的类型特征，要求高职院校在办学与学生培养的过程中更为注重对接行业企业的需求。岗课赛证教学模式，要求校企深度对接、协同育人。其中以岗位能力为培养目标，以职业技能证书为核心，在各种技能比赛中突出教学特色与亮点，贯穿于这一模式的课程教学是教师参与专业建设全过程的重要抓手。岗课赛证教学模式，使学生在完成学习任务时不仅能深刻体验真实的工作情景，还能通过竞赛的方式提升自己的专业技能、临场应变等职业能力，提升证书培训的效果，达到培养符合岗位需求的高素质应用型人才的教学目标。

第四节　基于职业能力的教学评价体系

一、基于职业能力的高职体育教学评价的作用

（一）提升高职学生职业能力

职业能力的评价在高职体育教学中扮演着至关重要的角色。这一评价机制不仅仅衡量学生的体育技能和理论知识，更是一种多维度的职业技能和素养的测试。在高职教育中，教学评价的重点在于学生在真实或模拟的职业情境下表现出的能力，使学生认识到体育技能背后的职业意义，促进学生将体育课堂学到的技能转化为在职场中所需的实际能力。

高职体育教学评价通过模拟真实的职业环境和任务，让学生在体育活动中锻炼和展示传统的体育技能，更重要的是帮助学生通过这一过程提升其职业素养和工作态度。在此过程中，学生需要运用团队协作、创新思维、决策能力这些职场中极为重要的非技术技能，完成教师设置的符合职业要求的任务。这种评价方式强调学生不仅要有专业的技能水平，更要有良好的职业态度、团队合作精神、领导才能以及应对复杂问题的解决策略。如此全面的评价体系激励学生在学习和实践中不断探索，自我完善，不仅仅满足于完成任务，而是追求在团队合作中的领导与协调能力，在面对挑战时的冷静与智慧，从而全方位地提升自己的职业竞争力。

在高职体育教学中，职业能力的评价通过细致分析学生在体育活动中表现出的职业素养和技能，不仅能够清晰揭示学生在职业技能方面的强项和短板，还能为教学提供方向，确保教学内容与职业发展紧密结合。在评价过程中，教师引导学生学会识别自我能力的边界，通过教师的反馈和个人的自我反思，学生认识到自身在时间管理、团队合作、领导能力、解决问题等方面的具体发展需要。职业能力的评价注重实践性和针对性，要求教师在设计评价标准和评价活动时，切实结合职业岗位的具体要求。这种评价不仅仅是对学生运动技能的测试，更是对其职业态度、专业知识应用、沟通协作等综合能力的综合考量。通过实时跟踪评价和定期反馈，教师能够及时调整教学策略，并针对学生的不足制订个性化的提升计划，从而确保每位学生都能在职业能力上取得实质性的进步。由此一来，不仅能增强学生的职业技能，也有助于培养学生的自主学习和终身学习的意识，为学生未来的职业生涯打下坚实的基础。

（二）促进高职体育教学发展

基于职业能力的高职体育教学评价是一个多维度、全方位的评价体系。它关注学生的全面发展，通过模拟真实工作环境的体育活动，让学生在体验中学习、在实践中提高。这种评价体系的建立和完善，对推动高职体育教学内容、方法乃至整个体育课程体系的发展都具有积极的作用。

在高职体育教学中，以职业能力为基础的评价体系促进了教师对教学活动的不断反思和创新，鼓励教师开发出更具互动性、实践性的课程内容，以适应学生多样化的职业发展需求。通过深入的评价分析，教师能够识别出哪些教学内容能够激发学生的兴趣，哪些教学内容能够有效提升学生的职业能力。因此，教师开始设计更多模拟实际工作环境的体育活动，这些活动要求学生不仅在运动中展示技能，而且要在团队中展现沟通、协作、领导能力等职业素质。教学内容也逐渐从单纯的体育技能训练扩展到包括职业生涯规划、健康管理等方面，为学生全面的职业发展打下基础。此外，对高职学生职业能力的评价可以促进教学方法的多样化，使得学校教学从传统的以教师为中心的模式转变为以学生为中心，强调学生的主动参与和体验。同时，通过案例分析、角色扮演和小组讨论等多种教学手段，学生还可以在参与中学习、在实践中成长。

基于职业能力的评价在高职体育教学中的实施，开创了一种考量学生多方面能力的全新路径。评价标准并不是一成不变的，而是灵活多样的，能够根据不同专业的实际需求和学生的个人特点进行调整，真正做到了因材施教。这种个性化的评价体系不仅仅关注学生的体育技能掌握情况，更重视学生在职业技能、沟通能力、团队协作和问题解决等多维度能力的发展。通过评价，教师能够更好地了解每个学生的学习需求和职业发展目标，从而为他们提供更为个性化的教学支持和指导。个性化的教学评价还促进了教育资源的优化配置，使得教师能够将时间和精力更加集中于那些真正需要帮助的学生，而学生也能从更符合自身发展的活动中受益，从而实现了教学资源的最大化利用。基于职业能力的评价为高职体育教学提供了一个发展的新方向，有助于实现教育的个性化和差异化，这对于适应现代职业教育的需求至关重要。

（三）提升体育教师专业水平

职业能力导向下的高职体育教学评价对于体育教师的专业发展具有重要影响，其要求教师不仅仅是技能的传授者，还必须成为学生职业能力培养的引导者和促进者。教师的角色发生了根本性转变，这无疑提升了教师的专业水平。

首先，职业能力导向的评价需要教师对行业趋势有深刻的理解和敏感的洞察力。职业能力导向的评价对体育教师而言，不再是单一的教学活动，而是一个持续发展和学习的过程。为了做到这一点，教师必须深入了解当前行业的趋势和需求，这要求他们超越传统教育模式的界限，走进实际的体育行业，了解最新的技术和发展方向。这种教学与行业的密切结合不仅有利于教师个人知识体系的扩展和更新，也确保了教学内容的实时性和前瞻性，使得教学与行业需求同步。通过这种方式，体育教师能够在教学中引入新的观念、技能和标准，使得学生学到的知识和技能可以满足未来职场的需要。此外，教师还必须学会如何将这些行业知识转化为教学内容，设计出符合职业能力培养要求的课程和评价体系。这种对行业动态的敏感性和知识转化的能力，是教师专业成长的体现，也是教师终身学习理念的具体实践。通过这样的实践，体育教师的教育教学能力和职业素养将得到全面提升，从而为学生提供更加贴近实际、高质量的职业教育。

其次，以职业能力为导向的评价推动了体育教师在教学理念、教学方法和专业技能上的革新和提升。在职业能力导向的评价模式下，体育教学不再单纯关注技能和知识的传授，而是致力于学生职业能力的全面发展。教师在此过程中扮演着关键角色，其专业素质和教学能力直接影响学生能力的培养。体育教师需具备多元化的教学策略，这不仅包括体育专业技能的传授，更涉及团队协作、问题解决及创新思维等软技能的教育。这种教学模式的实施，要求教师自身拥有跨学科的知识结构和技能。例如，教师需要了解心理学以帮助学生建立自信；掌握社会学以培养学生的团队合作精神；熟悉管理学以教导学生如何领导和管理团队。同时，教师还需要了解当前行业内对于体育专业人才的具体需求，将这些需求融入教学内容和活动设计中，确保学生能学到职场上真正需要的技能。教师要能创造性地设计教学活动，让学生在实践中学习和提升。这意味着传统的教学方法需要被更加活跃和具有互动性的方式所替代。例如，通过模拟真实的工作场景，让学生在体验中学习职业技能；利用项目式学习，促进学生团队合作和问题解决能力的提升；引入反思和批判性思维训练，鼓励学生对学习过程和结果进行深入思考。

最后，职业能力导向的评价体系强调教学内容的职业实用性和跨学科整合，这对体育教师而言，不仅是挑战也是机遇。体育与其他学科的结合，可以使学生在掌握体育技能的同时，了解和学习这些技能在职业实践中的应用情况。为了实现这一点，体育教师需要与其他专业领域的教师开展合作，共同设计和实施教学项目。在协作过程中，体育教师有机会学习新的知识，掌握新的教学方法，甚至可能获得跨学科教学项目设计的新视角。此外，跨学科合作有助于教师识别并整合各学科的最佳实践，将之运用于教学活动中，从而提升教学效果。

二、基于职业能力的高职体育教学评价的原则

在职业能力的导向下，高职体育教学评价需要遵循以下原则，如图6-3所示。

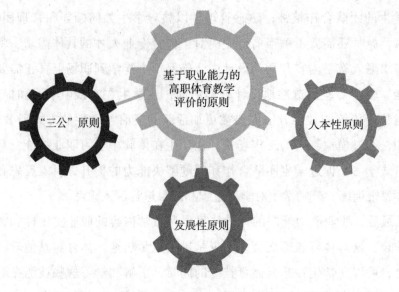

图6-3 基于职业能力的高职体育教学评价的原则

（一）"三公"原则

在职业能力导向下，高职体育教学评价遵循"三公"原则，即公平、公正、公开，确保评价的客观性、科学性、有效性。

公平性是评价过程的基础，强调每个学生在体育教学评价中都应获得平等的机会和对待。体育教师必须在评价标准的制定上考虑每一个学生的独特性，包括性别、生理条件、先前的运动经验等，以便制定出真正符合每个学生实际情况的评价准则。在力量和耐力的评估中，教师应当根据男女生的生理特点来调整评价标准，避免生理性别差异对评价结果的影响。针对不同体能水平的学生，教师应设计出不同难度级别的评价任务，让所有学生都能在各自的体能水平上得到公正的评价和认可。例如，对于身体条件较差的学生，教师可以设置更加注重技巧和战略的评价项目，而不是仅仅强调体力的竞争。通过这种细致入微的调整，体育教师不仅展现了对学生全面发展的关注，也使得评价过程更加人性化，体现了教育的真正宗旨——培养学生，而非简单地用评分去排序。

公正性原则要求教师做到中立客观，不仅要抵制个人喜好和偏见的干扰，还要避免任何外在因素对评价结果的影响。为了实现这一点，体育教师需要采用多样化的评价手段，包括但不限于自评、互评以及教师的主观评价等。这些多元化的评价方法可以交叉验证，确保评价的全面性和公正性。在实践中，教师应当确保评价标准的透明性，让学生明白作出某种评价的依据是什么，这样学生在进行自我评价时才能更加准确地自我定位。同伴评价则能培养学生的团队协作精神和相互尊重的态度，也能让学生从他人的视角审视自己的表现。在教师评价环节，教师应充分利用客观的测试结果和观察数据，减少主观判断的偏差。在给予评价反馈时，教师需要提供具体而有建设性的意见，既要肯定学生的优点，也要指出其不足，并给出改进的方向。这种方法不仅可以增强评价的可信度，还能够激励学生进行深入的自我思考。

公开性原则强调评价的标准、过程和结果都应对学生和教育利益相关者公开，确保评价过程的透明度与全体利益相关者的信任度。在具体的体育教学评价实践中，公开性原则要求教师在课程开始之初就向学生明确介绍评价的标准和具体要求，以便让学生清楚理解评价的目标，以及评价如何帮助自己在职业技能上获得提升。这种沟通方式能帮助学生明确方向，从而有目的地参与到体育活动中去。在评价结束后，教师需要及时将结果反馈给学生，并且在班级甚至学校范围内公示，这不仅有助于建立一种公平和开放的学习氛围，也鼓励学生之间相互监督、相互学习，从而形成积极向上的竞争状态。这种公开的评价体系也有助于学生对自己的学习过程和结果进行反思，增强学习的自主性和主动性，同时促进教师和学生之间的沟通和互动，使评价更加具有参与感和动态性。

（二）发展性原则

基于职业能力导向下的高职体育教学评价，其遵循的发展性原则要求教师采用更加科学和人性化的评价方法，关注学生的长期发展，尊重学生的个体差异，通过多元化的评价手段，引导学生发现问题，解决问题，获得持续进步，并在体育活动中培养职业所需的综合能力。

发展性原则在高职体育教学评价中的应用体现在对学生全面成长的重视，其不仅仅局限于运动技能的提升，更包含了职业素养与综合能力的发展。它倡导教师深入了解每位学生的具体情况，从他们的兴趣爱好、身体条件、学习态度等多方面入手，建立起针对个人的发展性教学和评价计划。评价的设计需侧重学生的长期进步和潜力挖掘，而非简单地以考试成绩或技能水平作为评价的唯一标准。这种评价策略强调在教学过程中对学生的连续观察与实时反馈，鼓励学生设立并达成个人发展目标。例如，对于体育技能较弱的学生，评价体系会更注重他们在学习态度、努力程度和进步速度上的表现，从而促使学生在自我认知的基础上，持续提高自己的职业技能与身体素质。同时，评价不断回馈的信息也助力学生明确自我发展的方向，激发内在动力，以达到持续学习与成长的目的。发展性原则的落实有利于形成良好的体育学习环境，使评价真正成为推动学生终身发展的有效工具。

发展性原则的核心在于激发和培养学生的内在动力和潜力，将评价转变为一个动态的、激励性的过程，而非简单的、静态的成果展示。在这一原则下，教师不仅关注学生是否达到了某一标准水平，更关心学生是否在不断设定并追求更高的个人目标，无论是在技能掌握、体能提升还是在职业素养的培育上。通过这样的评价方式，学生被鼓励去挑战自我，将目标定得更远一些，从而实现自我超越。评价变得更加个性化，更注重学生在学习过程中的努力和进步，而非仅仅是结果。学生在体育活动中的每一次尝试和努力都被视为成长的一部分，成功不再是唯一的目的，学习过程本身同样重要。这样的评价氛围有利于学生体验成功的喜悦，享受学习的乐趣，这些正面的体验能极大提升他们的自信心，促进他们在体育领域乃至未来职业生涯中的持续发展和终身学习。

（三）人本性原则

在职业能力导向下的高职体育教学评价中，人本性原则尊重学生的主体性、个性和创造性，认为教育评价应以促进学生全面发展为宗旨，注重培养学生的自主性和责任感，而不仅仅是对学生进行知识和技能的外在测量。

人本性原则要求评价不应只针对学生的运动技能，更要关注学生的情感态度、价值观念和社会适应能力等非智力因素的培养。在这一原则指导下，评价变得更为全面，旨在理解和促进每个学生的内在潜力和独特价值的发展。教师在进行评价时，需要深入观察学生在学习过程中的表现，理解他们的需求和期望，充分挖掘和发挥每个学生的特点和优势。人本性原则还强调以学生为中心的评价设计，这意味着评价标准和方法应当充分考虑学生的实际情况和需求。评价过程中的互动和反馈都应以提升学生的自我认识和自我价值为目标，帮助他们树立自信，激发其学习兴趣和内在动力。

人本性原则在教学评价中的应用，远远超出了其对学生技能和知识的衡量，人本性原则强调评价过程本身也应成为促进学生发展的有机部分。在这一原则的指导下，教师的评价不仅仅关注学生的体育技能水平，更注重评价过程中的人文关怀，以及这一过程如何促进学生情感、态度、价值观的积极发展。在评价实践中，体现人文关怀意味着教师需要用充满尊重和关爱的语言进行反馈。负面评价可能对学生的自尊心和学习动力造成打击，尤其是在体育教学这一特殊领域，学生的自我形象和参与意愿尤为敏感。因此，教师应采取积极的评价方式，即便是在指出学生的不足时，也要用建设性的语言，激励学生看到自身的进步空间和潜力，而不是仅仅停留在错误和失败上。另外，评价应成为教学互动的一部分，教师通过评价与学生建立起信任和理解的桥梁。这种评价方式鼓励学生自我反思，自我评估，从而增强其自主学习和自我提升的能力。通过这样的评价，学生能够在体育活动中找到自我价值，增强学习的内在动力，最终达到自我实现和全面发展的目标。教师的这种关怀和鼓励，让评价成为学生自我成长路上的助推器。

三、基于职业能力的高职体育教学评价体系的构建途径

在进行高职体育教学时，要注意运用恰当有效的评价考核方法，通过多元的评价主体和评价方式，多维度、多主体考核评价，全面考查学生在学习过程中职业能力的达成情况。

（一）评价内容：围绕职业岗位需要

在高职体育教学中，根据不同行业领域工作岗位的具体要求对评价方式进行灵活设定是提高教学实效性的关键。例如，服务行业重视的是学生的动态应变能力和协调沟通能力，而技术岗位则可能更侧重技能的精准和效率。针对这些需求，体育教学评价可以采取模拟实际工作场景的方式，让学生在类似的工作环境下展示体育技能和知识。评价时应重视学生如何将体育知识融入工作实践中，例如，在服务行业的模拟场景下，评价学生运用体育知识优化服务流程的能力；在技术操作类任务中，考核学生运用体育技能提升操作效率的实际表现。通过这种方式，学生能够更直观地理解体育技能在未来职业生涯中的应用价值，从而增强学习动机，提升综合职业能力。

高职教育的目标是为生产、服务、管理第一线培养实用型人才，这要求教育不应仅仅停留在知识的传授层面，更应关注学生技能的实际应用。在这一过程中，评价机制的设计必须突破传统的书面考试形式，转向对学生在模拟或实际工作环境中的表现的考查。通过完成具体的任务，教师能够综合评价学生在合作、团队精神、实际操作能力、问题分析等多方面的能力。这种评价方式能够促进学生的个性化发展，使得教学更加注重培养学生的实际操作能力和解决问题的能力。同时，通过关注学生在实践活动中的学习过程以及其在职业岗位上所需的综合能力的成长，教学评价能够更全面地反映学生的学习成果。在高职体育教学中，教师

应引入职业兴趣和职业能力的综合评价指标，不断优化评价体系，实现从单一的技能测试向综合职业素质评价的转变。在教学过程中，评价工具的选择和使用应充分考虑其反馈功能，通过及时的反馈帮助学生了解自身的长处和不足，引导他们在学习中不断自我完善和提高。教师在进行教学质量评价时，应利用有效的评价信息对教学活动进行实时的调整和优化。这不仅能够确保教学内容和方法始终与职业岗位需求保持一致，也能够引导学生进入一个良性的学习循环，让学习不再是单一的任务完成过程，而是成为一种自我增值和职业成长的过程。这种以工作过程为导向的教学评价机制，无疑会加强高职体育教育的职业导向性，促进学生顺利从学校过渡到职场，实现知识和能力的有效对接。

（二）评价主体：注重行业企业评价

在职业能力导向的高职体育教学评价体系中，企业行业的评价扮演着桥梁和纽带的角色，其不仅深刻影响着教学内容与方法的设计，而且直接关系到学生的就业与职业发展。在这一体系下，企业行业的评价不仅仅是对学生体育技能和知识水平的一个客观反馈，更是对学生职业素养和实践能力的一次全面审视。首先，通过将企业的实际需求和评价标准融入高职教育评价体系中，教学评价可以更贴近实际工作要求，教学内容因此更加注重实用性和应用性。这样的评价导向鼓励学生将课堂学习与实际工作场景相结合，增进了学习的针对性和效率。企业在评价过程中的参与，使得学生能直接接触到未来职业生涯中可能遇到的具体问题和挑战，从而为自己迈向职场做好准备。其次，企业的参与增加了评价的多元性和实际性。企业根据自己的实际运营和人才需求提供评价标准，使得评价更加个性化和目标化。这种来自行业前线的反馈为教育者提供了宝贵的第一手资料，有助于教师及时调整教学计划，确保教学内容和学生技能与企业需求同步更新。最后，企业评价在高职体育教学评价中的运用还促进了学校与企业之间的沟通与合作，这为学校提供了及时调整教学方向的机会，也为企业培养和选拔合适的人才提供了平台，实现了校企合作双赢的局面。因此，职业能力导向下的高职体育教学要注重企业行业的评价。

（三）评价方式：关注学生"能力增值"

人的智能结构是多元的，评价也应该是多元的。为了完善教学评价机制，高职体育教学有必要摆脱传统的"一刀切"方式，转向个体化与多元化的维度。鉴于学生能力层次的多样性，单一的评价方法已不能全面反映学生的实际应用能力。为此，评价改革必须拓宽视野，采纳"基于标准的评价"方法，这样的方法能更准确地衡量学生的能力水平和进步空间。职业能力导向下的高职体育教学，不仅要注重结果的评定，更应强化对学习过程的观察与记录，同时探索学生在学习过程中的能力增长，即"增值评价"，注重对学生综合能力，尤其是其在学习过程中的潜能挖掘和能力提升的重视。

高等职业教育与普通高等教育相比，更强调职业技能的培养与实际应用，因而增值评价在这一教育体系中显得尤为适宜。它关注的是学生能力的增长，以及这种增长如何帮助学生更好地适应未来职业的需求。在增值评价的视角下，教师关注的重点是学生在学习过程中的持续进步和能力积累，而非仅仅固守于传统的、一次性的考试成绩评价。根据职业教育的基本属性，学生通过接受职业教育所获得的"增值"应当包括三个部分：能力性增值、社会性增值和经济性增值。例如，即使某位学生在入学时体育技能较弱，但通过系统的体育教学与训练，能够显著提升其运动能力和团队合作精神，这种个体在学习过程中的显著进步就体现了能力性增值。通过体育活动提升的社交能力和团队协作精神，也为学生的社会性增值提供了展示。这些技能的提高将增强学生的职业竞争力，从而带来经济性增值。评价机制需要适应个体发展的需求，为学生的个性化发展提供支持和激励。教育评价应当超越简单的得分和排名，转而关注学生如何在各自的能力上取得成长和突破。它不仅仅评价学生在某一时间点的能力水平，而是评价学生在长期学习过程中的变化，激励他们不断探索自我潜能，促进其职业生涯的全面发展。

（四）评价方法：追求多样化

1. 档案袋评价法

职业能力导向下的高职体育教学评价方法以实现学生职业技能提升为核心，其中档案袋评价法作为一种革新的评价工具，为评价体系带来了深刻的变革。档案袋评价法具有独特的优势，能够综合记录和反映学生在学习过程中的表现和成长。第一，档案袋评价法能够记录学生的多方面能力，如体育知识、技能、态度、参与度等。这种评价不仅涉及学生对知识的记忆和理解，更注重学生技能的运用、情感的体验和价值观的形成，使得评价更全面。第二，档案袋评价法强调对学生长期发展的追踪，记录学生从入学到毕业的各个阶段的能力变化，有助于教师了解学生学习进步和成长的过程。第三，每个学生的档案袋内容都是独特的，这体现了教育评价的个性化，其能够根据每个学生的特点进行有针对性的指导和帮助。第四，在档案袋的创建过程中，教师与学生可以进行互动，学生还可以参与评价标准的设定和自我评价，从而提高自我管理能力和自我监控能力。

档案袋评价法的使用方法如图6-4所示。第一步，建立档案袋。教师需要指导学生建立个人档案袋，这个档案袋将作为记录学生学习历程的"成长文件"。第二步，确定评价内容。在档案袋中包含的内容应当全面，涵盖学生的知识掌握、技能水平、学习态度、课堂表现等。第三步，持续更新记录。学生的学习活动，包括课堂参与、体育练习、比赛成果等，应定期记录在档案袋中。教师和学生应共同审核这些材料，保证记录的准确性和时效性。第四步，参与式评价。学生应被鼓励对自己的学习过程和成果进行自我评价，并将这一过程记录在档案袋中。教师也应在关键时刻提供反馈，帮助学生进行自我改进。第五步，反馈与调整。档案袋中的记录应成为教师教学调整的依据，同时成为与学生和家长沟通的工具。通过档案袋中的资料，教师可以及时发现学生的问题并提供帮助。第六步,评价与总结。在学期末或毕业前,教师和学生应共同评估档案袋中的资料,对学生的学习成果进行总结性评价。

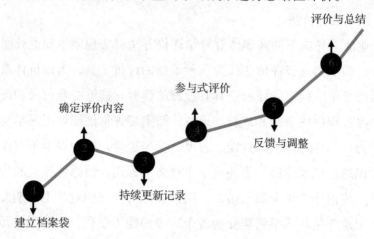

图6-4 档案袋评价法的使用方法

通过档案袋评价法,不仅提高了评价的科学性和实用性,更将评价工作转变为促进学生全面发展的有力工具。这种评价方式的应用,使得高职体育教学能够更紧密地连接职业实践,培养学生的职业能力,也能为学生今后的职业生涯打下坚实的基础。

2.表现性评价法

表现性评价法强调实际操作与实践能力,不单纯依赖笔试或理论测试,而是通过学生在模拟或真实的工作环境中的表现来进行综合评价,这种方式能更准确地反映学生的职业能力。

在进行表现性评价时,评价者关注的焦点是学生是否能将所学知识应用于实际问题的解决中,是否能在模拟或实际的职业场景中展现出应有的技能和职业素养。这要求教育者事先设计一系列的评价场景和任务,这些场景和任务应当尽可能地模拟真实的职业环境,以便学生能在类似的实际工作情境中表现自己的技能和知识。通过表现性评价,教育者能够观察到学生在面对具体职业任务时的工作方法、解决问题的能力、团队合作精神、职业道德，以及对工作的态度和责任心。例如，某次体育教学的教学内容可能是要求学生组织一场运动会，那么教育者将观察学生在筹划、组织、执行和评估等过程中的表现，并据此进行评价。此外，表现性评价法注重自我评价和同伴评价。学生在自我评价中能发展自我监控和自我反思的能力，同伴评价则有助于学生从他人的视角审视自己的表现，并从中学习。

3.行为观察评价法

行为观察评价法是一种以学生的实际表现和行为为基础进行评价的方法。行为观察评价法更加注重学生在体育活动中所展现的技能掌握程度、团队协作精神、策略应用能力以及情感态度等方面的表现。

在实施行为观察评价法时，教师或评价者需要对学生在体育活动中的具体行为进行持续而系统的观察，并据此作出客观公正的评价。这一过程往往要求教师具备较高的观察能力和专业素养，以便准确捕捉学生的行为特征，并进行科学的记录和分析。行为观察评价法突出了个体差异和学习过程，通过对学生行为的观察，教师可以了解每个学生的强项和待提升的领域，从而为每个学生制订更为个性化的学习计划和改进措施。例如，在一项团队篮球赛中，教师可以观察到某个学生虽然投篮技术一般，但在战术理解和团队配合上展现出较强的能力。这样的评价信息可以帮助教师在后续教学中对该生进行更有针对性的指导，也可以鼓励学生在自己的优势领域中继续努力。

在高职教育的背景下，行为观察评价法更加重要，因为这一阶段的学生即将步入职业领域，他们在体育活动中所表现出的职业素质和技能将直接影响其未来的职业发展。通过对学生行为的观察和评价，教师不仅能够帮助学生掌握必要的体育技能，还能在潜移默化中培养学生的职业素养，如团队合作能力、领导力、决策能力等。然而，行为观察评价法也面临一些挑战。首先，由于学生的行为特点和学习背景各自不同，教师在评价时可能会有意无意地带入主观偏见，影响评价的客观性。其次，由于观察和记录学生行为需要大量的时间和精力，这可能会给教师带来较大的工作压力。最后，评价的准确性还依赖于评价者制定的评价标准能科学地、能全面地覆盖学生行为的各个方面。

参考文献

[1] 吴棠.高职体育与健康课程教学及实践研究 [M].长春：吉林人民出版社，2017.

[2] 李秀芹.高职公共体育课程教学研究 [M].西安：陕西科学技术出版社，2021.

[3] 王海棠.高职院校体育工作组织与管理生态研究 [M].北京：中国青年出版社，2021.

[4] 黄燕飞.新时代高职学生休闲体育倾向特征研究 [M].杭州：浙江工商大学出版社，2019.

[5] 刘贵友.高职院校体育素质拓展教育课程改革研究 [M].南昌：江西科学技术出版社，2018.

[6] 徐英，李瑞芹，王金升.新时期高职院校公共课教学研究 [M].长春：吉林人民出版社，2021.

[7] 黄彦军.体育教育学科核心素养提升读本 [M].广州：广东高等教育出版社，2021.

[8] 汪全先.新时代体育教育专业学生综合素养培育研究 [M].北京：中国书籍出版社，2023.

[9] 董翠香，田来，杨清风.核心素养导向的体育与健康教学设计 [M].上海：上海教育出版社，2020.

[10] 邱君芳.体育教学优化与学生综合素养提升研究 [M].北京：中国原子能出版社，2019.

[11] 王旭东，沙滟，龙家勇．现代高校体育教学理论与体育素养培养研究 [M]．北京：中国原子能出版社，2017．

[12] 徐伟作．核心素养与体育课程教学改革研究 [M]．北京：人民体育出版社，2022．

[13] 吴金金．"职业实用性体育"导向下四川城市职业学院体育教学改革研究 [D]．天津：天津体育学院，2023．

[14] 崔久臣．基于学科核心素养的高职体育教学评价体系优化研究 [D]．天津：天津体育学院，2023．

[15] 房哲．基于职业需求的宁波技术学院机电系体育课程设置研究 [D]．宁波：宁波大学，2023．

[16] 潘琛．高职院校体育教师教学能力评价指标体系的构建研究 [D]．南京：南京体育学院，2020．

[17] 于征征．郑州市高职院校公共体育教学现状及优化研究 [D]．株洲：湖南工业大学，2020．

[18] 鞠恒学．职业技能列入高职体育课程教学体系的应用研究：以江苏信息职业技术学院为例 [D]．武汉：武汉体育学院，2020．

[19] 齐斯筠．高职体育教育专业学生核心竞争力评价指标体系构建 [D]．株洲：湖南工业大学，2019．

[20] 刘晶．实践导向下高职体育课程改革研究：以 A 学院为例 [D]．武汉：湖北工业大学，2019．

[21] 孙庆．基于职业体能提升的高职体育课程构建与实施效果：以青岛职业技术学院为例 [D]．济南：山东体育学院，2019．

[22] 谢文龙．广西高职院校体育教学分析及内容优化研究 [D]．桂林：广西师范学院，2019．

[23] 董智云．以职业能力为导向的包头钢铁职业技术学院体育课程改革研究 [D]．北京：首都体育学院，2018．

[24] 张树滑.公共体育课程建设对高职高专人才职业能力培养的影响研究：以北部湾经济区域内服务贸易类人才为例[D].南宁：广西民族大学，2012.

[25] 黄旭.基于职业素养培养的高职体育教学改革研究[J].体育世界，2023（7）：97–99.

[26] 张剑.以职业体能需求为背景的高职体育教学改革[J].佳木斯职业学院学报，2023，39（2）：140–142.

[27] 李锐.体育素养理念对高职体育教育的启示[J].广东水利电力职业技术学院学报，2023，21（1）：64–67.

[28] 徐吴俊宇.高职体育教学中学生体育素养和职业能力培养方法探析[J].湖北开放职业学院学报，2022，35（15）：171–172，175.

[29] 徐春豪.基于职业能力视角下高职体育教学的路径研究[J].佳木斯职业学院学报，2022，38（8）：155–157.

[30] 马剑峰.高职体育教学中如何培养学生体育素养和职业能力[J].文体用品与科技，2022（5）：151–153.

[31] 韩英超.职业素养为核心的高校体育教学改革路径研究[J].湖北开放职业学院学报，2022，35（3）：158–159.

[32] 王友高，覃倩倩.以运动素养提升为目标的高职体育课程教学内容及形式研究：以广西现代职业技术学院为例[J].文体用品与科技，2022（2）：157–159.

[33] 姜红菊.高职体育拓展训练与学生素养培养研究[J].文体用品与科技，2022（1）：137–138，143.

[34] 黄丽群.基于学科核心素养的高职体育课堂教学实践研究[J].青少年体育，2021（7）：127–128.

[35] 雷莉莉.职业能力与体育素养融入高职体育教学的策略研究[J].哈尔滨职业技术学院学报，2021（4）：34–36.

[36] 赵文楠.高校体育教学中学生体育素养和职业能力培养的相关探讨[J].湖北开放职业学院学报，2021，34（13）：144–145.

[37] 康爱龙.高职体育教学中学生体育素养和职业能力培养研究[J].中国多媒体与网络教学学报（中旬刊），2021（5）：194–197.

[38] 汪锋.体育核心素养培育视角下高职体育课程体系研究[J].当代体育科技，2021，11（12）：158–160，164.

[39] 程活.高职体育教学培养学生体育文化素养及职业能力的有效策略[J].现代职业教育，2021（17）：196–197.

[40] 谢存.基于体育素养和职业能力的高职体育授课分析[J].湖北开放职业学院学报，2021，34（6）：137–138.

[41] 侯海燕."互联网＋"背景下高职体育课程建设与发展研究[J].当代体育科技，2021，11（9）：103–105，109.

[42] 任鹏，张世浩.专业素养发展视域下高职体育教学的创新分析[J].科技资讯，2021，19（7）：151–153.

[43] 林涵.基于体育素养和职业能力的高职体育教学策略探析[J].辽宁经济职业技术学院.辽宁经济管理干部学院学报，2021（1）：146–148.

[44] 高宏桥.基于体育素养和职业能力培养的高职体育教学改革[J].文化创新比较研究，2021，5（3）：51–53.

[45] 努尔买买提·吾休，美丽克·芒思尔.高职体育教学中学生体育素养培养研究[J].当代体育科技，2020，10（33）：181–183.

[46] 余腾飞.基于职业素养的高职体育教学改革[J].科技创新与生产力，2020（11）：91–92，96.

[47] 贺达.浅析高职体育教学对提高学生就业能力的作用[J].就业与保障，2020（20）：51–52.